Die Fabrikation eines Kindes ist nicht sehr teuer, aber erhöht mal ein bisschen die Umsatzsteuer, dann kreischen die Herren Eltern, dass da Ziegel vom Dach fällt.

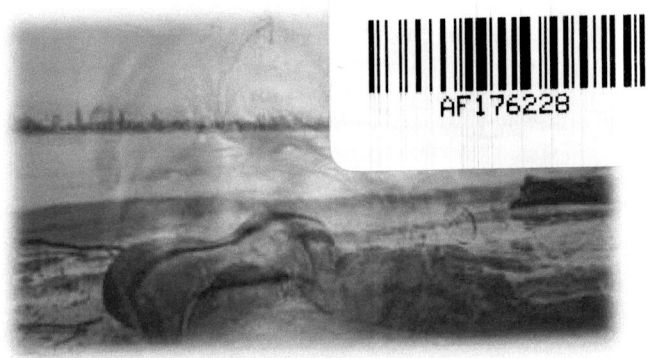

Die Mäuler auf. Heil, Gebrüll und völkischer Heilung, schnittig, zackig, forsch und Peng! Staffel Führer. Sturm. Abteilung. Blech. Kapellen. Schnelleres Ding. Juden. Fresser. Straßen. Meute. Kleine Leute. Kleine Leute. Arme Luder brüllen sich heiser, tausend Hände fuchteln wild.

Hitler als der selige Kaiser wie ein schlechtes Abziehbild. Jedes dicken Schlagwort Beute. Kleine Leute, kleine Leute. Tun sich mit dem deutschen Land dick. Grunzen wie das liebe Vieh. Aller billigsten Romantik. Hinten zahlt die Industrie. Hinten zahlt die Landwirtschaft. Toben sie auch fieberhaft? Sind doch schlechte deutsche Barden, bunte Unternehmer Garden bleiben gestern Morgen, heute. Kleine Leute. Kleine Leute.

Heinz Duthel

Das Krematorium des Menschlichen Schauspiels

Die Menschen stolpern nicht über Berge, sondern über Maulwurfshügel.

Das Krematorium des Menschlichen Schauspiels

Die Menschen stolpern nicht über Berge, sondern über Maulwurfshügel. Die Erfahrung ist wie eine Laterne im Rücken. Sie beleuchtet stets nur das Stück Weg, das wir bereits hinter uns haben. Der Weg ist das Ziel. Über das Ziel hinausschießen ist ebenso schlimm wie nicht ans Ziel kommen. Sei dir bewusst, was du weißt. Was du hingegen nicht weißt, das gib zu. Das ist das richtige Verhältnis zum Wissen. Die Alten sparten ihre Worte, denn sie schämten sich mit ihrem Betragen hinter ihren Worten zurückzubleiben. Wer auf Rache aus ist, der Grabe zwei Gräber. Neun Dinge sind es, auf die der Edle sorgsam achtet. Die Liebe ist das Gewürz des Lebens. Sie kann es versüßen, aber auch versalzen.

IN ERINNERUNG AN:

DR. KURT TUCHOLSKY - ERICH KÄSTNER: ANSPRACHE AN MILLIONÄRE

Impressum

Bibliografische Information der Deutschen Nationalbibliothek:
Die Deutsche Nationalbibliothek verzeichnet diese Publikation in der Deutschen Nationalbibliografie; detaillierte bibliografische Daten sind im Internet über http://dnb.dnb.de abrufbar.

© 2021 Heinz Duthel

Online: www.duthel.info

Herstellung und Verlag: BoD – Books on Demand, Norderstedt

ISBN: 9783754373064

Wir warten schon drauf, wann wieder ein neuer beginnt. Und dazu liefern wir gratis und franko ein Kind. Jawohl!

Die Eltern Begeisterung ist ganz enorm. Die Mütter aus Liebe zur Uniform, die Väter, die Lieferanten für den Schützengraben denken.

Warum sollen denn diese Gnaden es besser als unsereiner haben, nicht wahr?

Die Fabrikation eines Kindes ist nicht sehr teuer, aber erhöhe mal ein bisschen die Umsatzsteuer, dann kreischen die Herren Eltern, dass da Ziegel vom Dach fällt.

Man trennt sich leicht vom Kind, aber schwer vom Geld. Bekommt das Kind einen Bauchschuss? Das macht ihnen keine Schmerzen, doch ihr Geld.

Das lieben die Herren Eltern von Herzen. Jawohl!

Mitleid mit den Opfern, die da fallen für Petroleum, für Fahnen, für Gold. Die Herren Eltern haben es so gewollt. Die Lösung. Wenn was nicht klappt, wenn was nicht klappt, dann wird vor allem mal nicht berappt.

Der Mensch. Der Mensch hat zwei Beine und zwei Überzeugungen. Eine, wenn's ihm gut geht und eine, wenn es ihm schlecht geht. Die letzte heißt Religion. Der Mensch ist ein Wirbeltier und hat eine unsterbliche Seele sowie auch ein Vaterland, damit er nicht zu übermütig wird.

Der Mensch wird auf natürlichem Wege hergestellt. Doch empfindet er dies als unnatürlich und spricht nicht gern davon.

Er wird gemacht. Hingegen nicht gefragt, ob er auch gemacht werden wollte. Der Mensch hat neben dem Trieb zur Fortpflanzung und dem zu essen und zu trinken zwei Leidenschaften. Krach zu machen und nicht zuzuhören.

EINS

Das Krematorium des Menschlichen Schauspiels

Es gibt keine Wahrheit, es gibt keinen Gott, das einzige was es gibt ist der Ausdruck des Lebens.

Der Weise lässt, was er nicht tun kann, nur der Dumme tut, was er nicht lassen kann.

Wo das Entscheidende am Wissen ist, dass man es beherzigt und anwendet der wer alles glaubt, was er liest, sollte besser aufhören zu lesen. Dummheit ist nicht wenig wissen, auch nicht wenig wissen wollen. Dummheit ist glauben genug zu wissen.

Wer das Ziel kennt, kann entscheiden wer entscheidet, findet Ruhe, wer Ruhe findet, ist sicher, wer sicher ist kann überlegen wer überlegt, kann verbessern.

Der echte Reisende ist immer ein Landstreicher mit Freuden und Versuchungen und der Abenteuerlust. Der Weise ist friedliebend, aber er kennt keine Kompromisse. Der gewöhnliche Mensch macht Kompromisse, aber ist nie friedliebend. Das Gesicht eines Menschen erkennst du bei Licht seinen Charakter im Dunkeln. Es ist besser, ein einziges kleines Licht anzuzünden, als die Dunkelheit zu verfluchen. Lernen, ohne zu denken ist töricht, denken ohne zu lernen ist gefährlich. Bist du arm, aber gesund, so bist du ein halber reicher. Wir wissen noch nichts vom Leben, wie könnten wir etwas über den Tod wissen? Es betrübt mich nicht, wenn mich die Menschen nicht kennen, aber es betrübt mich, wenn ich die Menschen nicht kenne. Er kenne das Ewige und du bist weise. Der Wissende ist noch nicht so weit wie der Forschende, der Forschende ist noch nicht so weit wie der teilnahmslos Erkennende. Man muss sich in der Jugend einen Stecken schneiden, damit man im Alter daran gehen kann. Man kann dem Volk wohl Gehorsam befehlen, aber kein Wissen. Wenn die Sprache nicht stimmt, ist das, was gesagt wird, nicht das, was gemeint ist. Fein gedrechselte Worte und ein wohlgefälliges Gebaren sind selten Zeichen wahrer Menschlichkeit.

Einzugestehen, dass man etwas nicht weiß, ist Wissen. Der reiche Mann denkt an die Zukunft, der Arme an die Gegenwart. Der Mann, der den bergab trug, war derselbe, der anfing, kleine Steine wegzutragen. Es ist nicht wichtig, wie langsam du gehst, sofern du nicht stehen bleibst. Nennt das runde rund und das Eckige eckig, dann ist der Staat in Ordnung. Zweifle nicht andere an, wenn du selber etwas nicht kannst. Sei nicht hochmütig gegen andere, wenn du selber etwas kannst. Wer ständig glücklich sein möchte, muss sich oft verändern. Wer selbst aufrecht ist, der braucht nicht zu befehlen und alles wird getan. Wohin du auch gehst, geh mit deinem ganzen Herzen. Nur die Weisesten und die Dümmsten können sich nicht ändern. Wollt ihr wissen, ob ein Land wohl regiert und gut gesittet sei, so hört seine Musik. Dem klugen Schütze gleicht der höhere Mensch, verfehlt dieser sein Ziel, so wendet er sich ab und sucht die Ursache seines Fehl Schusses in sich selbst. Sage es mir und ich vergesse es. Zeige es mir und ich erinnere mich. Lass es mich tun und ich behalte es. An einem edlen Pferd schätzt man nicht seine Kraft, sondern seinen Charakter. Wer unsere Träume stiehlt, gibt uns den Tod. Fordere viel von dir selbst und erwarte wenig von den anderen. So wird dir Ärger erspart bleiben. Der Mensch hat dreierlei Wege, klug zu handeln. Ein edler Mensch beurteilt niemanden nur nach seinen Worten.

In einer kultivierten Welt blühen Taten, in einer unkultivierten Welt Worte. Ein Unternehmen ist wie ein Baum voller Affen, alle auf verschiedenen Ästen, auf verschiedenen Höhen. Einige klettern hoch. Manche machen Unsinn und manche sitzen untätig rum. Wenn über das Grundsätzliche keine Einigkeit besteht, ist es sinnlos, miteinander Pläne zu machen.

Wer einen Fehler gemacht hat und ihn nicht korrigiert, begeht einen zweiten. Was du liebst, lass frei. Kommt es zurück, gehört es dir für immer.

Die Menschen stolpern nicht über Berge, sondern über Maulwurfshügel. Die Erfahrung ist wie eine Laterne im Rücken. Sie beleuchtet stets nur das Stück Weg, das wir bereits hinter uns haben. Der Weg ist das Ziel. Über das Ziel hinausschießen ist ebenso schlimm wie nicht ans Ziel kommen. Sei dir bewusst, was du weißt. Was du hingegen nicht weißt, das gibt zu. Das ist das richtige Verhältnis zum Wissen. Die Alten sparten ihre Worte, denn sie schämten sich mit ihrem Betragen hinter ihren Worten zurückzubleiben. Wer auf Rache aus ist, der Grabe zwei Gräber. Neun Dinge sind es, auf die der Edle sorgsam achtet. Die Liebe ist das Gewürz des Lebens. Sie kann es versüßen, aber auch versalzen.

Wenn der Mensch nicht über das nachdenkt, was in ferner Zukunft liegt, wird er das schon in naher Zukunft bereuen. Wo alle verurteilen, muss man prüfen und wo alle loben auch. Am Baum der guten Vorsätze gibt es viele Blüten, aber wenig Früchte. Es ist sehr gefährlich, einen Abgrund in zwei Sätzen zu überspringen.

Der Weise lässt, was er nicht tun kann, nur der Dumme tut, was er nicht lassen kann.

Die eigenen Fehler erkennt man am besten mit den Augen anderer. Gib einem Mann einen Fisch und du ernährst ihn für einen Tag. Lehre einen

Mann zu fischen und du ernährst ihn für sein Leben.

Das ist gegenseitige Rücksichtnahme, was man mir nicht antun soll, will ich auch nicht anderen Menschen zufügen. Ist man in kleinen Dingen nicht geduldig, bringt man die großen Vorhaben zum Scheitern. Um zur Quelle zu kommen, musst du gegen den Strom schwimmen. Zu wissen, was man weiß und zu wissen, was man tut, das ist Wissen. Wer viel von sich verlangt und wenig von anderen, wird vom Hass verschont bleiben. Wer bei seinen Handlungen immer auf Vorteil bedacht ist, wird sich viele Feinde machen. Macht ohne Großmut, äußere Trauer ohne Schmerz, das sind Dinge, die ich nicht mit ansehen kann. Wenn ihr eure Andacht verrichtet, so denkt euch die Gottheit als gegenwärtig. Ich habe noch niemand gesehen, der die Tugend liebte und den Mangel an Tugend hasste. Der Mensch macht die Wahrheit groß, nicht die Wahrheit den Menschen. Wissen ist Wissen, Nichtwissen ist Nichtwissen, das ist Wissen. Wer wirklich gütig ist, kann nie unglücklich sein. Wer nicht überall Betrügereien vermutet oder ständig anderen unterstellt, unehrlich zu sein. Aber diese Dinge trotzdem zuerst bemerkt, der ist weise. Wähle einen Beruf, den du liebst und du brauchst keinen Tag in deinem Leben mehr zu arbeiten.

Erbarme dich meiner, o Herr! Denn meine Einsamkeit lastet auf mir. Es gibt nichts, auf das ich wartete. Hier bin ich in dieser Kammer, in der nichts zu mir spricht. Und doch wünsche ich nicht die Gegenwart der Menschen herbei. Denn ich weiß mich noch verlorener, wenn ich in der Menge untertauchen, aber sicher eine andere, die mir gleicht und die sich in eben solch einer Kammer befindet und sich doch glücklich fühlt, wenn die Menschen, denen ihre Zärtlichkeit gehört, anderswo im Hause geschäftig sind. Sie hört sie nicht, und sie sieht sie nicht. Sie empfängt nichts von ihnen im Augenblick aber, um glücklich zu sein, genügt es ihr zu wissen, dass ihr Haus bewohnt ist. Herr, auch ich erwarte nicht etwas, das ich sehen oder hören könnte, denn deine Wunder sind nicht für die Sinne. Doch um mich zu heilen, genügt es, wenn du meinen Geist der Leuchte bist, so dass ich mein Heim verstehe. Wenn der Wanderer in seiner Wüste einem bewohnten Hause angehört, so freut er sich dessen, obwohl er weiß, dass es am anderen Ende der Welt liegt. Keine Entfernung hält ihn davon ab, sich von ihm nähren zu lassen. Und wenn er stirbt, stirbt er in der Liebe. Ich erwarte also nicht einmal Herr, dass mein Heim mir nahe sei. Sie, den Spaziergänger, dem in der Menge ein Gesicht auffällt. Er verwandelt sich selbst, wenn das Gesicht für nicht bestimmt ist. So geht es jedem Soldaten, der in die Königin verliebt ist, der wird Soldat und Königin. Ich erwarte also nicht einmal Herr, dass jenes Heim mir verheißen sei. Auf den weiten Meeren gibt es glühende Schicksale, die sich einer gar nicht vorhandenen Insel geweiht haben. Sie singen, während sie auf dem Schiffe sind, die Hymne der Insel und fühlen sich glücklich dabei. Nicht die Insel ist es, die sie glücklich macht, sondern der Gesang.

Ich erwarte also nicht einmal her, dass jenes Heim überhaupt bestehe. Die Einsamkeit ist nur Frucht des Geistes, wenn er krank ist. Er bewohnt nur ein Vaterland, das der Sinn der Dinge ist. So ist es mit dem Tempel, wenn er sie in dem Stein ist. Nur für diesen Raum hat der Geist Flügel. Er freut sich nicht über die Dinge, sondern allein über das Gesicht, das man durch sie hindurch erkennt und das sie miteinander verknüpft. Gib nur das ich zu erkennen lerne, dann Herr, wird meine Einsamkeit überstanden sein. Nichts war zu sehen als eine Barke, die sich fern auf dem ruhigen Meere verlor.

Gewiss, so Harris gibt eine andere Stufe, von der aus mir der Fischer dort in seiner Barke, der aus den Wassern das Brot der Liebe für Frau und Kind oder seinen Hungerlohn gewinnt, als Flamme der Inbrunst oder Inbegriff des Zornes erschiene. Oder es könnte sich mir auch das Übel zeigen, an dem er vielleicht stirbt. Und dass sie ihn erfüllt und ihn brennend. Kleinheit des Menschen. Wo siehst du die Kleinheit? Du misst den Menschen nicht mit dem Feld Maß.

Hingegen wird alles unermesslich. Sobald ich die Barke betrete. Damit ich mich kennen lerne, genügt es, Herr, dass du den Anker des Schmerzes in mir aus wirfst. Du ziehst an der Leine und da erwache ich. Vielleicht leidet der

Mann in der Barke unter der Ungerechtigkeit. Das Schauspiel bleibt unverändert die gleiche Barke, die gleiche Stille über den Wassern. Der gleiche müßige Tag. Was kann ich von den Menschen empfangen, wenn ich mich nicht demütige für sie?

Herr. Verbinde mich wieder dem Baum, von dem ich stamme. Ich bin ohne Sinn, wenn ich noch weiter allein bleibe. Gib, dass sie sich auf mich stützen. Dass ich mich auf den anderen stütze, zwinge mich durch deine Ordnungen. Hier bin ich aufgelöst. Und vorläufig.

Bäume sind für mich immer die eindringlichsten Prediger gewesen. Ich verehre Sie, wenn Sie in Völkern und Familien leben, in Wäldern und Hainen und noch mehr verehre ich sie, wenn sie einzeln stehen. Sie sind wie Einsame, nicht wie Einsiedler, welche aus irgendeiner Schwäche sich davon gestohlen haben, sondern wie große, vereinsamte Menschen wie Beethoven und Nietzsche. In ihren Wipfeln rauscht die Welt, Ihre Wurzeln ruhen im Unendlichen. Allein sie vermehren sich nicht darin, sondern erstreben mit aller Kraft ihres Lebens nur das eine, ihr eigenes, in ihnen wohnendes Gesetz zu erfüllen, ihre eigene Gestalt auszubauen, sich selbst darzustellen. Nichts ist Heiliger, nichts ist vorbildlicher als ein schöner starker Baum.

Bäume sind Heiligtümer. Wer mit ihnen zu sprechen, Wer ihnen zuzuhören weiß, der erfährt die Wahrheit. Sie predigen nicht Lehren und

Rezepte. Sie predigen um das Einzelne unbekümmert das Ur Gesetz des Lebens. Wer gelernt hat, Bäumen zuzuhören, begehrt nicht mehr ein Baum zu sein, er begehrt nichts zu sein, als was er ist. Das ist Heimat, das ist Glück.

Fragen eines lesenden Arbeiters. Wer baute das sieben Tore Theben? In den Büchern stehen die Namen von Königen. Haben die Könige die Felsbrocken herbei geschleppt? Und das mehrmals zerstörte Babylon.

Wer baute es so viele Male auf, in welchen Häusern des Gold strahlenden Lima wohnten die Bauleute? Wohin gingen an dem Abend, wo die chinesische Mauer fertig war, die Maurer? Das große Rom ist voll von Triumphbogen. Wer errichtete sie? Über wen triumphierten die Cäsaren? Hatte das viel besungene Byzanz nur Paläste für seine Bewohner? Selbst in dem sagenhaften Atlantis brüllten in der Nacht, wo das Meer es verschlang, die er Saufenden nach ihren Sklaven. Der junge Alexander eroberte Indien.

Er allein. Cäsar schlug die Gallier. Hatte er nicht wenigstens einen Koch bei sich? Philipp von Spanien weinte, als seine Flotte untergegangen war, weinte sonst niemand. Friedrich II. Siegte im Siebenjährigen Krieg. Wer siegte außer ihm? Jede Seite ein Sieg. Wer kochte den Sieges Schmaus? Alle zehn Jahre ein großer Mann. Wer bezahlte die Spesen? So viele Berichte, so viele Fragen.

Der Albatros. Oft fangen die Matrosen, um sich zu vergnügen, den mächtigen Meeres Vogel ein, den Albatros. Den Schiffen, die den bitteren Abgrund überfliegen, folgt er in Gleichmut der Fahrt gesenktem Tross. Kaum aber ist er hin gezwungen auf die Planken, lässt dieser König dem Azur in seiner Scham die großen weißen Flügel kläglich an den Flanken wie Ruder nieder hängen, ungeschickt und lahm. Wie linkisch er sich hin schleppt in der Flügel, steife er sonst so schön wie es der hässlich in der Schmach. Den Schnabel neckt ihm einer mit der Stummel Pfeife, ein anderer hinkend den Flug des Köppels nach. Des Dichters Ebenbild ist dieser Fürst der Wolke. Im Sturm ist er bei haust verlacht des Schützen Strang. Verbannt zur Erde, aber. Und um höhnt vom Volke. Hindern die riesenhaften Flügel seinen Gang?

Die Zeit vergeht, das gesprochene Wort aber bleibt. Alle glücklichen Familien sind einander ähnlich, jede unglückliche Familie jedoch ist auf ihre besondere Weise unglücklich. Bei der Abreise und in entscheidenden Momenten ihres Lebens überkommt die Menschen, die fähig sind, über ihre Handlungen nachzudenken, gewöhnlich eine ernste Stimmung. Hast du nicht die Kraft zu brennen und Licht auszustrahlen, so verstelle es wenigstens nicht. Wenn ich mit einem Fuß im Grabe stehe, werde ich die Wahrheit über die Frauen sagen, ich werde sie sagen in meinen Sarg springen, den Deckel über mich ziehen und rufen, jetzt macht, was ihr wollt! Man muss daran glauben, dass Glück möglich ist, um glücklich zu sein. Es gibt nur eine wichtige Zeit Heute, hier, jetzt.

Musik ist die Kurzschrift des Gefühls. In einer völlig klaren und einfachen Sprache kann man nichts Schlechtes schreiben. Die einen erheben sich in der Gesellschaft von Menschen, die anderen sinken ab. Alles nimmt ein gutes Ende für den, der warten kann. Historiker sind wie taube Menschen, die ständig auf Fragen antworten, die ihnen niemand gestellt hat. Wer lernen möchte, den Menschen die Wahrheit zu sagen, muss lernen, sie sich selbst zu sagen. Vergangenheit und Zukunft gibt es nicht. Es gibt nur eine unendlich kleine Gegenwart und die ist jetzt. Es gibt keine Fakten, es gibt nur unsere Wahrnehmung davon. Mancher geht durch den Wald und sieht dort nichts als Brennholz. Der Tod ist kein Übel, denn er ist ein und zweifelhaftes Gesetz Gottes. Gewalt mit Gewalt bekämpfen heißt neue Gewalt an die Stelle der alten setzen. Wir werden nicht geliebt, weil wir so gut sind, sondern weil diejenigen, die uns lieben, gut sind. Alle denken nur darüber nach, wie man die Menschheit ändern könnte, doch niemand denkt daran, sich selbst zu ändern. Jeder Mensch hat die Keime aller menschlichen Eigenschaften in sich. Manchmal kommen die einen zum Vorschein, manchmal die anderen. Freiheit ist kein Ziel, sondern eine Folge. Wenn du dich unfrei fühlst, so suche die Ursache in dir. Zu lieben ist Segen, geliebt zu werden Glück. Solange das Leben da ist, gibt es auch Glück. Religion ist die fortgeschrittene Weltanschauung.

Man muss eine Aufgabe vor sich sehen und nicht ein grausames Leben. Solange es Schlachthöfe gibt, gibt es Schlachtfelder. Vegetarismus gilt als Kriterium, an welchem wir erkennen können, ob das Streben nach moralischer Vollkommenheit echt und ernst gemeint ist. Unterhaltung ist gut, wenn sie nicht unsittlich, sondern anständig ist und wenn ihretwegen nicht andere leiden müssen. Gute Taten, die andere in ihrer Bosheit bloßstellen, werden von diesen in ehrlicher Überzeugung als Bosheit aufgefasst. Um einen Staat zu beurteilen, muss man seine Gefängnisse von innen ansehen. Der Fortschritt besteht nur in einer immer klareren Beantwortung der Grundfragen des Lebens. Wenn es möglich wäre, bei Lebzeiten zu wissen, was nach dem Tode mit uns geschieht, würde niemand Angst vor dem Tode haben. Wenn das Gute eine Ursache hat, hört es auf, das Gute zu sein, wenn es einen Lohn zur Folge hat, ist es auch nicht mehr das Gute. Folglich steht das Gute außerhalb der Kette von Ursache und Wirkung. Wen Gott vernichten will, den verblendet er. Je weiter man bei der Vervollkommnung seiner selbst fortschreitet, umso mehr Mängel stellt man an sich fest. Geduld und Fleiß und ich bin überzeugt, ich werde alles erreichen, was ich will. Gefühle sind im Traum echter als im Wachzustand. Die Gefühle bestimmen ihr Ziel selbst. Wer mit Freunden spielt, spielt auch mit Gott. Wer lange genug warten kann, erlebt immer ein gutes Ende. Geld ist eine neue Form der Sklaverei. Ein Merkmal für die Entartung unserer Welt ist, dass sich die Menschen ihres Reichtums nicht schämen, sondern rühmen.

Allein der Ausdruck des Empfindens verleiht den Künsten ihre Bedeutung. Die Weisheit kennt kein Ende Je mehr der Mensch in ihr fortschreitet, desto mehr bedarf er ihrer. Man muss sein wie eine Lampe abgeschirmt gegen äußere Störungen, den Wind, Insekten und gleichzeitig rein durchsichtig und mit heißer Flamme brennend. Schnitze das Leben aus dem Holz, das du hast. Mit der Liebsten kann man auch in der kleinsten Hütte glücklich sein. Man hasst niemand und fürchtet niemand so sehr wie den, dem man Unrecht getan. Der Sinn des Lebens beruht doch darin, dass man das Bewusstsein eines persönlichen Lebens eintauscht gegen das Bewusstsein Gottes. Gesetze zu erlassen ist einfacher, als ein Volk zu regieren. Wenn ihr behauptet, alle müssten arbeiten, dann sollen es mir alle diese Reichen, die nichts tun, erst einmal vormachen. Man kann nicht einmal sagen, die Umstände bestimmten unser Fühlen. Vielmehr bestimmt unser Fühlen die Umstände. Jede gewaltsame Reform verdient getadelt zu werden, weil sie das Übel nicht bessern wird, solange die Menschen so bleiben, wie sie sind, und weil die

Weisheit Gewalt verschmäht. Wenn es nur immer gelänge, zur rechten Zeit den Balken im eigenen Auge zu sehen, wie viel besser wären wir? Die Stärke liegt im arbeitenden Volk, wenn es sein Joch trägt, dann nur, weil es hypnotisiert ist und nur darauf kommt es eben an. Diese Hypnose zu zerstören. Solange die Menschen nicht alle ihre Mitmenschen als Brüder und das Leben nicht als das heiligste aller Güter betrachten, werden sie immer um des persönlichen Vorteils willen das Leben anderer zerstören.

Wer anderen nützen will, findet überall Beschäftigung. Unrecht ist das, was einem anderen Menschen zum Nachteil gereicht. Man sollte doch glauben, dass die Berührung mit der Natur, diesem unmittelbaren Ausdruck der Schönheit und Güte, alles Böse im menschlichen Herzen verschwinden lassen müsse. Ohne Selbsterkenntnis ist jede Beobachtung und jede Vernunft Anwendung unmöglich. Grüble nicht, was möglich ist und was nicht. Tu, was du mit deinen Kräften zustande bringst, darauf kommt alles an. Bei historischen Ereignissen sind die großen Männer nur die Signatur, die dem Ereignis den Namen geben. Schlage nie in Büchern nach, wenn du etwas vergessen hast, sondern bemühe dich, es dir ins Gedächtnis zu rufen. Aber was immer wir auch tun mögen, wir können uns weder eine Vorstellung von vollständiger Freiheit noch von vollständiger Notwendigkeit machen. Man kann alles aussprechen, sich Luft machen, ohne jemanden zu verdammen. Gleich wie Feuer nicht Feuer löscht, so kann Böses nicht Böses ersticken. Nur das Gute, wenn es auf das Böse stößt und von diesem Licht angesteckt wird, besiegt das Böse. Dem Menschen ist das Ziel seines Lebens unerforschlich. Der Mensch kann nur die Richtung kennen, welche zum Lebensziel führt. Das Ideal ist die Harmonie, nur die Kunst fühlt dies. Erst wenn jeder nicht nach irdischem Glück trachtet, sondern geistiges Glück erstrebt, das immer Opfer bedeutet und durch Opfer geprüft wird, erst dann ist das größte Glück aller gewährleistet.

Als sie einander acht Jahre kannten und man darf sagen, sie kannten sich gut, kam ihre Liebe plötzlich abhanden wie anderen Leuten ein Stock oder Hut. Sie waren traurig, betrugen sich heiter, versuchten Küsse, als ob nichts sei und sahen sich an. Und wussten nicht weiter. Da weinte sie schließlich und er stand dabei. Vom Fenster aus konnte man Schiffen winken. Er sagte, es wäre schon viertel nach 4 und Zeit irgendwo Kaffee zu trinken. Nebenan übte ein Mensch Klavier. Sie gingen ins kleinste Café am Ort und rührten in ihren Tassen. Am Abend saßen sie immer noch da. Sie saßen allein und sie sprachen kein Wort und konnten es einfach nicht fassen.

In München in der Fleming Straße lebte Erich Kästner bis zu seinem Tod am 29. Juli 1974. Er liebte das kleine, gemütliche Haus mitten im Grünen. Auf der schmalen Fensterbank stand seiner Schreibmaschine, sicher kein bequemer

Arbeitsplatz. Doch Kästner wollte den Blick in den Garten. Ein großer Garten, eine ehemalige Wiese voller Blumen, Sträucher, alte Bäume. Kästner, der Großstadt Mensch, der immer in Wohnungen gelebt hatte, war glücklich in dieser Umgebung mit dem kleinen Bach, der durch den Garten fließt und die ländliche Idylle vervollständigt. Am 23. Februar 1899 kam Erich Kästner in Dresden zur Welt als Sohn des rechtschaffenen Sattler Meisters Emil Kästner. Die Familie lebte mehr als bescheiden, der Vater musste seinen Handwerke Beruf aufgeben und arbeitete in einer Fabrik. Sohn Erich blieb ein Einzelkind, ein sehr braves Kind, das ohne Schwierigkeiten aufwuchs. Zu seiner Mutter hatte er von klein an eine besonders innige Beziehung.

Die Ehe der Eltern war nicht gut und so wurde der Sohn Mittelpunkt ihres Lebens. Ich wurde der brave Sohn und der beste Schüler, sagte Kesten über sich. Aus Erich sollte einmal etwas Besonderes werden, war der Wunsch der Mutter. Er durfte sie nicht enttäuschen. Jahrelang arbeitete sie als Friseuse, um ihrem Sohn die entsprechende Schulbildung zu ermöglichen. Erich sollte Lehrer werden. Erich war damit einverstanden. 1913 entstand diese Fotografie Kästner als Seminarist. Vier Jahre später musste er zum Militär.

Er war 18 Jahre alt. Schon damals hasste er das Militär und alles, was mit Krieg zu tun hatte. Seine Ausbildung als Kanonier blieb ihm unvergessen. Er wurde so geschunden, dass ein

Herzfehler zurückblieb. Ein Sergeant namens war. Ich hatte es auf den schmächtigen Kästen abgesehen. Hier mit zwei Kreuzchen gekennzeichnet. Sergeant Traurig wurde später von Kesten in einem Gedicht literarisch verewigt. Udo Lenze hat es vertont.

Das ist nun schon ein Dutzend Jahre her, da war er, unser Sergeant. Wir lernten bei ihm Präsentiert das Gewehr. Wenn einer umfiel, lachte er und spuckte vorhin in den Sand, die Knie weit. Das war ihr liebster Satz. Den schrie er gleich 200 Mal. Da standen wir dann auf dem öden Platz und beugten die Knie wie die Goliaths und lernten den Hass pauschal. Wer schon auf allen Vieren koch, dem Ris die Jacke auf und brüllte Ja doch, oder du frisst ja noch! Und weiter ging es. Man machte doch in Jugend Ausverkauf. Er hat mich zum Spaß durch den Sand gehetzt und hinterher lauernd gefragt. Wenn du nun meinen Revolver hättest,

Rechts um mich um. Gleich hier. Und jetzt? Da habe ich. Da habe ich ja gesagt.

Nach dem Krieg beschloss Kästner, nicht Lehrer zu werden, er wollte Germanistik, Theaterwissenschaften und Philosophie studieren. Das bedeutete, dass die Mutter noch weiter arbeiten und sich vom Sohn trennen musste.

Erich studierte in Leipzig. Damals schrieb Kästner seine ersten Gedichte, die auch gedruckt wurden. Das Studium beendete er mit Erfolg und bekam eine Anstellung als Feuilleton Redakteur an der Leipziger Neuen Zeitung. 1925 machte er das Examen. Erich Ose, als Illustrierte auch bekannt unter Plauen, war ebenfalls bei der Leipziger Neuen Zeitung beschäftigt. Die beiden wurden Freunde. Aus dieser Zeit berichtet Liselotte Enderlein, die Lebensgefährtin Erich Kästners.

Ja, ich lernte uns kennen, als ich Redaktion Gehilfin war in einer Zeitschrift. Die ist für alle erschienen in Leipzig im Verlag Otto Bayer. Und dort war ich Redaktionsleiterin und die Chefin, eine sehr reizende und ungewöhnlich liebenswürdige Dame. Die sagte uns damals wir waren zwei Kolleginnen. Er, Erich Kästner, ist ein Umherfahren, flirtet nicht mit ihm. Das war so 1926 und 1927, als wir unseren Hunderttausenden Abonnenten feiern wollten, sagte Erich Kästner Ach fein, das machen wir bei mir in meiner Wohnung in der Hohen Straße. Es war in Leipzig und es war sehr langweilig an dem Abend. Und zwar deshalb, weil die Jungs taten einfach nicht den Mund auf. Die waren so bedröppelt und so bekloppt und es war ganz ungemütlich. Und weil wir nun auch etwas nervös wurden und nicht wussten, was eigentlich los war, sagte schließlich einer Wollen wir es den Mädchen sagen? Und daraufhin begann Erich. Die Geschichte zu erzählen, die sich ereignet hatte, nämlich Erich Kästner und Erich OSA, waren am Vormittag gefeuert worden, und zwar wegen eines

Gedichtes von Erich Kästner, das unser illustriert hatte. Und das hieß

Abendlied des Kammer Virtuosen. Du meine neunte Symphonie. Wenn du das Hemd an hast mit rosa Streifen, kommen wir ein Cello zwischen meine Knie und lass mich zart in deine Saiten greifen. Es war Pech, das das Gedicht ausgerechnet im Gedenkjahr an Beethovens Todestag erschienen ist. Da Kästner und außer der Zeitung ohnehin zu satirisch und kritisch waren, nahm man das Gedicht zum Anlass, beide fristlos zu entlassen. Fußtritt Fortunas nannte Kästner später den Rausschmiss. Er wurde Theaterkritiker in Berlin und freier Mitarbeiter an verschiedenen Zeitungen wie die Weltbühne, Berliner Tageblatt, Faschistische Zeitung. Kästner fühlte sich wohl in Berlin, die ersten Erfolge stellten sich ein. Damals schon gehörte es zu seiner Gewohnheit, im Café zu schreiben. In Berlin war es das Carlton. Mit Herz auf Taille, seinem ersten Gedichtband 1928, wurde er über Nacht berühmt und als der nächste Band Lärm im Spiegel erschien, war Kästner bereits als moderner Lyriker anerkannt. Emil und die Detektive war sein erstes Buch für Kinder, inzwischen ein Klassiker. Von Anfang an ein Erfolg bei Kindern und Erwachsenen. 1930 wurde es bei der UFA verfilmt. Pünktchen und Anton, sein zweiter Kinder Roman ebenso erfolgreich wie das fliegende Klassenzimmer. Kästners Weg zum Romancier begann bei den Büchern für Kinder. Als Illustrator bevorzugte er den bekannten Zeichner Walter Trier. Noch in der Emigration

arbeitete er für Kästner. Ein Freund Erich
Kästners, der Schriftsteller Peter de Mendelssohn

Ich habe Kästner 50 Jahre und mehr gekannt
und genau genommen sogar noch sehr viel länger.
Wir kannten uns schon, wir haben häufig Witze
darüber gemacht. Wir kannten uns schon, als wir
uns noch gar nicht kannten. Sozusagen. Denn wir
sind beide in Dresden aufgewachsen, obwohl wir
als Kinder einander nicht begegneten und
sprachen natürlich beide als Kinder fließend
sächsisch und sprachen es auch als Erwachsene
noch. Und das haben wir hier in München
zuweilen auch wieder ausprobiert zum großen
Gaudium unserer Freunde.

Wirklich kennengelernt habe ich Kästner erst
1928, glaube ich, war es in Berlin. Da. Aber die
Bekanntschaft war auch recht flüchtig.

Ich war sehr beeindruckt von seinem Roman
Fabian, der für uns alle von meiner Generation ein
sehr wichtiges Buch war. Der Beginn der Neuen
Sachlichkeit in der Literatur, der wirklich ein
Zeichen setzt.
Es war ein Signal. Es war mir eigentlich
wichtiger als alle seine Gedichte, die mir schon
gefielen, aber die denken, ihm den großen Erfolg
brachten. Aber diese Prosa war der stärkste
Eindruck.

Ein unmoralisches Buch von höchster Moral,
schrieb ein Kritiker 1931. Und 1931 wurde Kästner

in den internationalen PEN-Club gewählt und im gleichen Jahr bezog er in Berlin seine erste eigene Wohnung.

Seit Kästner liest man wieder Lyrik, hieß es. Als 1932 der Gedichtband Gesang zwischen den Stühlen herauskam, ahnte Kästner, was kommen würde. Der Titel war beabsichtigt. Der Diktator fand keinen Gefallen an den Werken des Schriftstellers Erich Kästner. Er durfte in Deutschland nicht mehr publizieren. Seine Bücher wurden verbrannt.

1933 kam die große Wende, die alle Freundschaften durcheinandergebracht und zerrissen hat, und was ich damals erlebte, habe ich später dann einmal aufgeschrieben. Und ich glaube, ich lese das lieber vor, weil es dort sorgfältiger formuliert ist, als ich es aus dem Gedächtnis tun könnte. Im Chaos des Frühjahrs 1933 verloren wir uns aus den Augen. Er blieb, weil er zur Not bleiben konnte. Ich ging, weil ich aus Not gehen musste. In einem Pariser Kino, einige Monate darauf sah ich ihn wieder auf der Leinwand, in einer deutschen Wochenschau, auf einem nächtlichen, lohnten Scheiterhaufen. In Berlin flogen, von deklassierten Schmähs, Versen begleitet, Bücher über Bücher. In einer Großaufnahme sah ich ein Buch von Erich Verkohlen, daneben eins von mir und dann Erich selbst, bescheiden, unauffällig in der umstehenden Menschenmenge. Er beobachtete, ohne eine Miene zu verziehen, das Toben der

Unvernunft. Auf seinem Gesicht standen seine eigenen Zeilen geschrieben. Ich spiel nicht mit. In jedem Stück muss es auch Menschen geben, die bloß zuschauen. Freund, dachte ich damals, du wirst es schwer haben. Mörderisch schwer.

Zweimal wurde Kästner von der Gestapo verhaftet, 1934 und 1937. Nachdem man ihm nichts nachweisen konnte, musste er jedes Mal wieder auf freien Fuß gesetzt werden. In einem Gedicht sagt er: Ich bin ein Deutscher aus Dresden in Sachsen. Mich lässt die Heimat nicht fort. Ich bin wie ein Baum, der in Deutschland gewachsen. Wenn's sein muss in Deutschland.

Verdacht. 1937 traf Liselotte Pendele Erich Kästner in Berlin wieder.

Und zwar war ich von der Zeitschrift, die ich damals als Chefredakteurin herausgab, war ich versetzt worden nach Berlin und dort freundete ich mich mit Erich Kästner an. Wir verliebten uns plötzlich ganz. Es war nicht programmgemäß. Jedenfalls. Erich Kästner wohnte nicht sehr weit von mir entfernt in Charlottenburg, das ist für Liebespaare immer ein Glücksfall in dem sehr großen Berlin, weil man ja sonst irrsinnige Wege zueinander hat. Und in diesem Fall brauchte man bloß über ein paar Straßen zu laufen und wir konnten uns wiedersehen. Und als dann im Jahre 1942 Erich Kästners Wohnung abbrannte, zog er zu mir in die Wohnung, weil ich ja meine Wohnung nur etwas Wasser geschädigt. Und ich hätte ohnedies jemanden in die Wohnung bekommen. Und so entschloss ich mich rasch, Herrn Kästner anzumelden für meine Wohnung, denn so war wenigstens eine gewisse familiäre Zusammengehörigkeit gewahrt.

Um Kästner war es in Deutschland still geworden. Einige hatten sich von ihm zurückgezogen, viele bewahrten ihm die Freundschaft. Schauspieler Karl Schönberg.

Es gab damals ein kleines Künstlerhaus, das hieß A Johnnys kleines Künstler Restaurant. Das war so eine Art inoffizieller Bühnen Club, in dem sich die Schauspieler und Regisseure und Bühnenbildner und Sänger, auch Maler und Bildhauer, auch Journalisten trafen, die nicht in den offiziellen. In dem vom Staat gegründeten Künstlergruppen gingen. Und da gab es, gab es einen Stammtisch, an dem saß Felix von Eckardt, der spätere Bundesparteichef Walter Caroline, Walter Jansen, manchmal Hans Albers, manchmal Hans Zürn K. und so auch Erich Kästner und meine erste Frau und ich. Und da lernte ich ihn kennen als einen sehr zurückhaltenden. Nicht sehr viel redenden Mann. Immer sehr korrekt angezogener komischerweise er zog zum zweirädrigen Anzug, keine Krawatte, das war eine persönliche Note von ihm in dieser Zeit, ertrug nie eine Krawatte, sonst kam er immerhin in einem eleganten Mantel schwarzen Homburg Hut, saß meistens ruhig am Tisch, beteiligte sich nicht sehr viel am Gespräch, aber. Man wusste, er war immer präsent,

12 Jahre präsent in der inneren Emigration für einen kritischen Schriftsteller ein fast unerträglicher Zustand.

In den Jahren bis 1945 hatte Erich Kästner, der ja bekanntlich verboten war, eine Arbeitserlaubnis bekommen, und zwar durch einen Herstellung Gruppenleiter der Ufa war er. Erlaubt worden, und zwar sozusagen nur unter Pseudonym. Und er schrieb damals das Drehbuch zu diesem Film Münchhausen. Das sollte der repräsentative Jubiläums Film der UFA werden und dafür hatte man einen witzigen, gescheiten, souveränen Autor gesucht. Die Wahl fiel auf Kästner, und zwar bemerkenswerterweise gerade von der Gruppe, nämlich dem Propagandaministerium, das ihn doch wohl verboten hatte. Und er schrieb dieses Drehbuch. Manche haben sich gefragt Warum hat er das getan?

Ich glaube, solche Fragen sind berechtigt, aber andererseits auch mit etwas Nachdenken schnell beantwortet. Im Grunde genommen muss ein Mensch auch leben. Und ich glaube die. Möglichst der Form. Weiterleben zu können, wirtschaftlich hatte er sich damit. Hatte er damit gefunden? Und da es ihm angeboten wurde, ohne besondere Kotau Bewegungen seinerseits jedenfalls. Er schrieb also dieses Drehbuch und Münchhausen wurde gedreht, aber der Film Münchhausen zur

Premiere kam, wurden Hitler Führerhauptquartier durch Bormann, die eine Kopie vorgeführt. Und da rauschte Herr Hitler bedenklich auf und verbot Kästner total. Das heißt total für Deutschland. Immerhin konnte er zunächst noch im Ausland veröffentlichen. Später wurde auch das noch verhindert, sodass Erich wirtschaftlich ausgehungert werden sollte.

Mit einem Filmteam der Ufa konnte Kesten im März 1945 aus Berlin herauskommen. Ein Freund hatte ihm die nötigen Papiere verschafft. In Österreich im Zillertal traf er Lotte Ende wieder. Hier erlebten sie das Kriegsende und die ersten Wochen danach.

Es verging dann eine sehr lange Zeit, bis ich ihn wieder sah. Es war der Sommer 1945, als ich als Besatzung Offizier britischer Besatzung zum Offizier nach Deutschland zurückkam, kam nach München und dort lief ich einem amerikanischen Besatzung Offizier, einem Freund in die Arme, der mir sagte Kennen Sie eigentlich Kästner?

Sage ich, aber selbstverständlich kenne ich Kästner seit 20 Jahren, wo ist er? Ja, der sitzt oben im Zillertal. Wir in einen Jeep und dahin aufgefahren, bis wir ihn gefunden haben, war ein bisschen schwierig. Er saß tatsächlich im Zillertal, wie er es in seinem Buch Notabene 45 geschildert hat. Und wir feierten ein Wiedersehen. Und ich fragte ihn sofort Erich, wie war denn das? Nun, warum bist du eigentlich dageblieben? Hetzt doch schließlich rausgehen können, diesen ganzen Ärger ersparen können. Sagt er. Ja, ich bin dageblieben, weil ich mir gesagt habe, einer muss das von Anfang bis zu Ende miterleben. Und zwar nicht irgendeiner, sondern einer, der es nachher auch schildern kann und den Leuten begreiflich machen kann. Sag ich nur Hast du denn ein Tagebuch geführt? Sagt er. Absolut. Vom ersten bis zum letzten Tag ist alles da. Und das werde ich jetzt verwenden.

Das werde ich jetzt ausarbeiten. Ich sage Tut das überhaupt das Wichtigste, was du als Schriftsteller jetzt machen kann? Du musst dieses Buch über die zwölf Jahre Hitler-Deutschland schreiben. Das kann außer dir niemand. Du musst es machen. Versprich mir, dass du das machen wird. Er sagt Ich verspreche dir es. Ich habe nichts anderes im Kopf, augenblicklich. Wir haben ihn dann nach München geholt, an die Redaktion der Narayen Zeitung. Da habe ich ein bisschen mitgeholfen und von da ab habe ich ihn dann regelmäßig gesehen. Alle paar, alle jede Jahr mehrmals und immer gefragt Erich, was ist mit dem Buch? Und das Buch kam und kam und kam nicht. Und er hat es natürlich nie geschrieben.

Kästners Tagebuchaufzeichnungen erschienen in dem Buch Notabene 45 kein großes Buch, hieß es doch ein wichtiges Dokument über die letzten Kriegswochen. Nur zwei Jahre blieb Kästner Feuilletonchef der Neuen Zeitung in München.

1947 zog er es vor, wieder als freier Schriftsteller zu arbeiten. 17 Bücher für Kinder hat Erich Kästner geschrieben in mehr als 35 Sprachen, selbst ins Japanische wurden sie übersetzt. Vier Romane für Erwachsene und dreizehn Gedichtbände. Aufgrund der klaren, verständlichen Sprache Kästners wird im Ausland heute noch aus seinen Büchern Deutsch gelehrt. Besonders die jungen Menschen suchten den Kontakt mit ihrem Schriftsteller, der sie ernst nahm. Sie verstand und in seinen Büchern gegen erzieherische Dressur eintrat. Kästner versuchte immer wieder, die Grenze zwischen Erwachsenen und Jugendliteratur zu verwischen. Auch an die Erwachsenen richtet er sich in seinem Jugendbuch Das doppelte Lottchen. Die Verfilmung von Joseph von Baki wurde mit dem Filmpreis ausgezeichnet. Gegen den Krieg und die Dummheit der Menschen schrieb Kästner in Konferenz der Tiere ein Familienbuch, wie er sagte unter Kurt Lindas Regie entstand ein preisgekrönter Zeichentrickfilm. Die Hinwendung zum Schwachen, Hilflosen, der Einfluss der Erwachsenen auf die Kinder waren immer wieder seine Themen. In einem Gedichtband veröffentlichte er die Ballade vom Nachahmungstäter ab.

Es ist schon wahr, nichts wirkt so rasch wie Gift. Der Mensch, und sei er noch so minderjährig, ist, was das Laster dieser Welt betrifft, früh bei der Hand und unerhört gelehrig. Im Februar, ich weiß nicht am wievielten, geschah es auf irgendeines jungen Drängen, dass Kinder, die im Hinterhof spielten, beschlossen, namens Fritzchen aufzuhängen. Sie kannten aus der Zeitung die Geschichten, in denen Mord vorkommt und Polizei, und sie beschlossen, Nauman hinzurichten, weil er, so sagten sie, ein Räuber sei. Sie steckten seinen Kopf in eine Schlinge. Karl war der Pastor, lamentierte viel und sagte ihm, wenn er zu schreien anfing, verlöre er den andern nur das Spiel. Fritz Naumann äußerte, ihm sei nicht bange. Die andern waren ernst und für Turning. Man warf den Strick über die Teppich Stange, und dann begann man Fritzchen. Hochzuziehen. Er sträubte sich. Es war zu spät. Er schwebte, dann klemmte sie den Strick am Haken ein. Fritz zuckte. Weil er noch etwas Ein kleines Mädchen lebte schickte ihn ins Bein, er zappelte ganz stumm und etwas später verkehrte sich das Kinderspiel in Mord. Als dass die sieben kleinen Übeltäter erkannten, liefen sie erschrocken fort. Noch wusste niemand von dem armen Kinde. Der Hof lag still, der Himmel war blutrot. Der kleine Nauman schaukelte im Winde. Er merkte nichts davon, denn er war tot. Frau Witz zig Lady vorüber schlurfte, lief auf die Straße und erhob Geschrei, obwohl sie dort doch gar nicht schreien durfte und gegen 6 erschien die Polizei. Die Mutter fiel in Ohnmacht vor dem Knaben und beide wurden rasch ins Haus gebracht. Karl, den Mann festnahm, sagte kalt Wir haben es nur wie die Erwachsenen gemacht.

Die Schaubude, das erste Nachkriegs Kabarett in München in der Reihe Torstraße Schauspieler traten hier auf wie Ursula Härtling Karl Schönberg,

Einer der Initiatoren und Hauptautoren war Erich Kästner. Unser musikalischer Leiter war Edmund Nick und da habe ich zum Ersten Mal Gelegenheit gehabt. Und auch. Chansons, Songs, Kabarett, Nummern von Kästner selbst zu bringen. Das erste war, man müsste wieder 16 Jahre sein und im Lauf der nächsten zwei Jahre noch einige. Nummern für mich geschrieben. Dann kam die Währungsreform, die Schaubude hat die Zeit des Töpfe und Kleider und Essen Kaufens nicht überstanden. Aber im Jahr 1955. Kam aus England de Kohlmann herüber, die früher in Berlin mit Kästner schon zusammengearbeitet hatte, und gründete zusammen mit Oliver Rassenkampf, Ursula Hacking und mir ein literarisch politisches Kabarett Die kleine Freiheit.

Schriftsteller Oliver hassen kann

Die kleine Freiheit war der Titel eines Gedichts von Erich Kästner Die kleine Freiheit wurde zum Namen unseres Kabaretts. Jeden Abend am Schluss des Programms sangen wir die erste Strophe Das Haus ist klein und heißt Die kleine Freiheit und unsere Stühle sind ein bisschen hart. Das Haus ist klein und klein ist unsere Freiheit. So ist nun mal die deutsche Gegenwart. Erich

Kästner war nicht immer leicht auf die Bühne zu bringen, seine Texte waren Aussage, Texte und nicht an eine Person, an eine darstellerische Figur gebunden und es bedurfte sehr guter Interpreten. Aber wenn der Interpret sehr gut war, dann hat der Text geleuchtet. Die Genauigkeit und die Vernünftigkeit seiner Texte sind ja überhaupt das, was Erich Kästner ausmacht. Er hat sich ja selbst als ein gebrauchst Lyriker bezeichnet. Er wollte seine Leser erreichen, nicht fern von ihnen ist, hat sich immer nah an die Sprachbilder gehalten und nicht in Lyrik Themen verstiegen, die kein Mensch mehr versteht. Am allerwenigsten der Autor.

1955 schrieb Kästner ein Gedicht, das zu den wenigen nicht satirischen zählt Die 13 Monate Edmund Nick hat es vertont. Hanne wieder singt.

Nun hebt das Jahr die Sense hoch und mäht die Sommertage wie ein Bauer. Ihr seht, müssen mähen und wer mäht, muss säen.

Nichts bleibt mein Herz und alles ist von da.

Stock Rosen stehen hinterm Zaun in ihren alten, brüchig seidenen Trachten. Das Sonnenblumenöl ist blond und braun,

Mit Schleiern vom Gesicht. Sehen aus wie Frauen, die eine Reise in die Hauptstadt machten. Tage kaum.

Stets leuchteten sie golden ab da geht.

Dann reisten sie vielleicht im Traum.

Nachts, wenn der Duft vom Lindenbaum an ihnen Abschied süß.

In Büchern liest man

Groß und breit, selbst, das Unendliche

Sei nicht unendlich. Man dreht und. Raum und Zeit.

Man ist gescheiter

Als der Schall. Das Unverständliche bleibt. Unverständlich.

Erst 1946 gelang es Kästner nach großen Schwierigkeiten, seine Eltern in Dresden zu besuchen. Besonders seine Mutter hatte unter der langen Trennung gelitten. Sie starb 1951 in Dresden. Der Vater hat sie um sechs Jahre überlebt. Er wurde 91 Jahre alt. Einmal von einem Journalisten befragt, was wäre, wenn ein satirischer Schriftsteller im Paradies lebte? Antwortete Kästner, dann wäre seine Existenz grundsätzlich bedroht. In einem seiner Epigramme sagte er Es gibt nichts Gutes, außer man tut es. Schule der Diktatoren ein Theaterstück schon während der Nazizeit geplant. Eine politische Satire gehört zu Kästners wichtigsten

Werken. Es wurde 1958 in den Münchner Kammerspielen uraufgeführt, inszeniert von Hans Schweikert. Die Parabel von den Managern der Macht ein unbequemes Stück, das beim Publikum geteilten Beifall fand. Kästner nannte es eine Komödie. Die Kritik meinte eine Tragödie. Nichts Erbauliches steht der Wahrheit gegenüber. Kästner erhielt den Literaturpreis der Stadt München.

Erich Kästner war ein Nachtmensch. Er stand gegen elf auf, trank Kaffee, las Zeitungen. Wir aßen gegen zwei Uhr Mittag, und gegen vier Uhr ging Kästner aus dem Haus. Und so ging er in sein Büro, das bezeichnenderweise immer ein Kaffeehaus war. Und in München war es das Café Leopold. Und dort traf er seine Sekretärin, diktierte die Post, und das waren ziemliche Stapel, denn wir bekamen sehr viel Post, und zwar von sehr freundlichen Lesern, von Kindern vor allen Dingen auch. Und so war da ein ziemlicher Berg Arbeit zu bewältigen. Und er fuhr, da er ein Freund eines eigenen Autos war, immer mit dem Taxi. Dafür war aber der Liebling der Taxis Chauffeur von München. Am Abend war Erich Kästner dann eine Weile zu Hause. Wir schauten ein bisschen fern und unterhielten uns und tauschen aus, was jeder erlebt hatte. Ich war ja damals noch im Beruf und hatte natürlich auch meine Erlebnisse mitzuteilen. Und unser Bekanntenkreis war ja annähernd immer derselbe, weil Schriftsteller und Journalisten zu unserem großen Bekanntenkreis gehörten. Und dann, ungefähr so um neun, halb zehn, ging Erich wieder weg und er nannte es so hübsch. Jetzt gehe ich auf Montage, weil er dann mit seinem Bleistift los sauste und schrieb. Für diese Schreibarbeiten hatte er sich immer kleine Bars ausgesucht und sobald er merkte, dass er entdeckt worden war, suchte er sich wieder etwas anderes. Oder aber er verabredete mit den Urlaubern, dass sie ihm die lästigen Leute vom Halse hielten. Wer vermutet auch, dass ein Mensch in der Bar sitzt, um zu arbeiten? Aber so war es. Es war der Ort seiner Inspiration.

Kästner hatte die Gewohnheit, seine Texte zu Stenografie, ihren fein säuberlich, fast pedantisch, genau auch für die Sekretärin leserlich. 1951 wurde Kästner zum Präsidenten des Deutschen Pen Clubs gewählt. Viele Ehrungen folgten, unter anderem die Verleihung des Büchner-Preis der Stadt Darmstadt, des Internationalen Jugendbuch Preises. Schulen und Straßen wurden nach ihm benannt. Er protestierte öffentlich gegen die Atomrüstung vor der Münchner Universität und sprach auf Kundgebungen für den Frieden. Einer seiner besten Freunde, Hermann Kesten, sagte über Kästners autobiografisches Buch. Als ich ein kleiner Junge war. Ein verkanntes Meisterwerk der deutschen Literatur nach dem Zweiten Weltkrieg. Das Kinderbuch Der kleine Mann erschien 1963, als Kästners Sohn Thomas sechs Jahre alt war. Er hatte es für ihn geschrieben. Es sind die Geschichten, die Kästner seinem Sohn erzählt und nur für ihn erfunden hat. Die Mutter,

Friedel Siebert lebte mit Thomas in Berlin. Die Jahre von 1964 bis 1967 verbrachte Kästner bei seiner Familie. Damals entstand dieser Privat Film. Die meisten Menschen legen ihre Kindheit ab wie einen alten Hut. Sie vergessen sie wie eine Telefonnummer, die nicht mehr gilt, sagte Erich Kästner einmal. Lasst euch die Kindheit nicht austreiben. Nur wer erwächst und ein Kind bleibt, ist ein Mensch. Die Liebe zu Katzen haben Vater und Sohn gemeinsam. Einmal von einem Reporter befragt, warum es gerade Katzen seien, meinte Kästner unwillig. Sie bellen nicht. In der Nähe von Lugano in Accra musste Kästner ungewollt eineinhalb Jahre verbringen. Seine Atmungsorgane sollten stabilisiert werden, fanden die Ärzte. Im Sanatorium in Agra feierte Kästner seinen 65. Geburtstag. Aus diesem Anlass wurde er interviewt. Auf die Frage, inwieweit er meine, dass Satire oder politisches Kabarett das Denken der Menschen beeinflussen, verändern könnten, antwortete Kästner

Wenn man literarisch Skepsis entwickelt, was den Zweck und das erreichbare Ziel des Kabaretts anlangt, überhaupt dass Satire der Geformten, bleibt der direkte Weg übrig in die Öffentlichkeit. Und wenn man an die Ideale und Ziele glaubt, muss man ihn gehen, wie sie sagen, auf die Straße.

Zwei Jahre vor seinem Tod 1972 wurde Kästners Doktorarbeit aus dem Jahr 1925 gedruckt. Friedrich der Große und die deutsche Literatur. Die Kritiker überschlugen sich, schrieben begeisterte Besprechungen. Kästner hätte sich mehr mit diesen Themen befassen sollen, statt Unterhaltungsroman zu schreiben, befand ein Rezensent. Doch Kästner wollte mit dem, was er schrieb, möglichst viele Menschen erreichen, sie nachdenklich stimmen, auch unterhalten. Das war ihm wichtiger als der Platz in einer elitären Gesellschaft. Er hat es erreicht, hat seine Leser gefunden, die den heiteren Kästner genauso lieben wie den ernsten, kritischen.

Besonders ist mir im Gedächtnis geblieben ein Gedicht. Weil es nicht nur bis heute. Seine Aktualität bewahrt hat, ja vielleicht sogar an Aktualität gewonnen hat. Es heißt Die Maulwürfe oder euer Wille geschehe. Als sie krank von den letzten Kriegen tief in die Erde hinunter stiegen, in die Keller stellte, die drunten liegen, war noch keinem der Völker klar. Was ist der Abschied für immer war. Sie drängten sich an den Türen der Schächte mit Nähmaschinen und Akten und Vieh, dass man sie endlich nach unten brächte, hinab in die ewigen Tage und Nächte, und sie erbrach, wenn einer schrie Ach, sie erschraken vor jeder Wolke. Was? Hexerei? Oder war es noch Natur? Was ist Regen für Flüsse und Flur oder Gift überm wartenden Volke, das verstört in die Tiefe fuhr? Sie flohen aus Gottes guter Stube. Sie ließen die Wiesen, die Häuser, das Wer, den Hügel, Wind und den Wald und das Meer. Sie fuhren mit Fahrstühlen in die Grube, und die Erde war wüst und leer. Drunten in den versunkenen Städten versunken, wie einst Vineta versank, lebten sie weiter, hörten Motetten, teilten Atome, lasen Gazetten, lagen in Betten und hielten die Bank. Ihre neuen, weltlich gekachelten Träume. Der Horizont war aus blauem Glas. Die Angst schlief ein und die Menschheit vergaß.

Nur manchmal erzählten die Mütter von Bäumen und die Märchen vom Veilchen, vom Mond und vom Gras. Himmel und Erde wurden zur Farbe. Das Gewesene klang wie ein altes Gedicht, man wusste nichts mehr vom Turmbau zu Babel und wusste nichts mehr vom Kain und vom Abel. Und auf die Gräber fiel Neonlicht. Fachleute saßen an blanken, bequemen Geräten und trieben Spiegel Magie, mit Teleskopen hantierten sie und gaben Acht, ob die anderen kämen? Aber die anderen kamen nie droben, verfehlen indessen die Städte, Brücken und Bahnhöfe stürzten ein. Die Fabriken sahen aus wie verrenkten, erkälteten. Die Menschheit hatte die große Wette verloren und Pan war wieder allein. Der Wald rückte vor, überfiel die Ruinen, stieg durch die Fenster, zertrat die Maschinen, steckte sich ins Grüne Haar, griff Lokomotiven, spielte mit ihnen und holte Christus vom Hochaltar. Nun galten weder die ewigen Regeln, die Gesetzestafeln zerbrach keiner mehr, es gehorchten die Rose, der Schnee und der Bär. Der Himmel gehörte wieder den Vögeln. Und den kleinen und großen Fischen das Meer. Nur einmal im Frühling. Durchquerten das Schweigen rollende Panzer, als ging es in die Schlacht. Sie kehrten beladen mit Kirschblüten Zweigen zurück, um sie drunten den Kindern zu zeigen. Dann schlossen sich wieder die Türen zum Schacht.

Ansprache an Millionäre. Warum wollt ihr so lange warten, bis sie euren geschminkten Frauen und euch und den Marmor Puppen im Garten eins über den Schädel hauen? Warum wollt ihr euch denn nicht bessern? Bald werden sie über die Freitreppe drängen und euch erstechen mit Küchenmesser und an die Fenster hängen. Sie werden euch in die Flüsse jagen, sinnlos werden dann Schrei und Gebet sein. Sie werden euch die Köpfe abschlagen. Dann wird es zu spät sein. Dann wird sich der Strahl der Springbrunnen röten. Dann stellen sie euch an die Gartenmauer. Sie werden kommen und schweigen und töten. Niemand wird über euch trauern. Wie lange wollt ihr euch weiter bereichern? Wie lange wollt ihr aus Gold und Papieren rollen und Bündel und Barren speichern? Ihr werdet alles verlieren. Ihr seid die Herren von Maschinen und Ländern. Ihr habt das Geld und die Macht genommen. Warum wollt ihr die Welt nicht ändern, bevor sie kommen? Ihr sollt ja gar nicht aus Güte handeln. Ihr seid nicht gut. Und auch sie sind es nicht. Nicht euch, aber die Welt zu verwandeln ist eure Pflicht. Der Mensch ist schlecht. Er bleibt es künftig. Ihr sollt euch keine Flügel anheften. Ihr sollt nicht gut sein, sondern vernünftig. Wir sprechen von Geschäften. Ihr helft, wenn ihr helft, nicht etwa nur ihnen. Man kann sich, auch wenn man gibt, beschenken, die Welt verbessern und dran verdienen. Das lohnt darüber nachzudenken. Macht Steppen fruchtbar, befehlt, legt Gleise, organisiert den Umbau der Welt.

Ach, gäbe es nur ein Dutzend Weise mit sehr viel Geld. Ihr seid nicht klug. Ihr wollt noch warten? Uns tut es leid. Ihr werdet es bereuen. Schickt aus dem Himmel paar Ansichtskarten. Es wird uns freuen. Bürger, schont eure Anlagen. Arbeit lässt sich schlecht vermeiden und sie ist der Mühe preis. Jeder muss sich mal entscheiden Arbeit zeugt noch nicht von Fleiß. Arbeit muss es quasi geben, denn der Mensch besteht aus Bauch. Arbeit ist das halbe Leben und die andere Hälfte auch. Seht euch vor, bevor ihr schuftet, zieht euch keinen Splitter ein. Wer behauptet, dass Schweiß duftet, ist ganz objektiv ein Schwein. Zählt die Arbeit zu den Strafen? Wer nichts braucht, braucht nichts zu tun. Legt euch mit den Hühnern schlafen, wenn es geht. Pro Mann ein Huhn. Manche geben keine Ruhe und sie schuften voller Wut. Doch ihr Tun ist nur Getue und es kleidet sie nicht gut. Lasst euch auf den Sofas treiben. Gut geträumt ist halb gelacht. Hände sind zum Hände reiben. Sprecht schon morgens gute Nacht. Lass die Wecker ruhig rasseln, zeigt dem Krach das Hinterteil. Lass die Moralisten quasseln, bietet euch nicht täglich feil. Wozu macht ihr Karriere? Ist die Erde denn kein Stern? Tut, als ob stets Sonntag wäre, denn er ist der Tag des Herrn. Vieles tun heißt vieles leiden. Lebt so gut es geht von Luft. Arbeit lässt sich schlecht vermeiden.

Doch wer schuftet, ist ein Schuft. Das letzte Kapitel. Am 12.

Juli des Jahres 2003 lief folgender Funkspruch rund um die Erde, dass ein Bomben Geschwader der Luft Polizei die gesamte Menschheit ausrotten werde. Die Weltregierung, so wurde erklärt, stelle fest, dass der Plan, endgültig Frieden zu stiften, sich gar nicht anders verwirklicht lässt, als alle Beteiligten zu vergiften. Zu fliehen, wurde erklärt, habe keinen Zweck. Nicht eine Seele dürfe am Leben bleiben. Das neue Giftgas krieche in jedes Versteck. Man habe nicht einmal nötig, sich selbst zu entleiben. Am 13. Juli flogen von Boston 1000 mit Gas und Bazillen beladene Flugzeuge fort und vollbrachten rund um den Globus sausend den von der Weltregierung befohlenen Mord. Die Menschen krochen winselnd unter die Betten, sie stürzten in ihre Keller und in den Wald. Das Gift hing gelb wie Wolken über den Städten. Millionen Leichen lagen auf dem Asphalt. Jeder dachte, er könne dem Tod entgehen. Keiner entging dem Tod und die Welt wurde leer. Das Gift war überall. Es schlich wie auf 10. Es lief. Die Wüsten entlang und es schwamm übers Meer. Die Menschen lagen gebündelt wie faulende Garben. Andere hingen wie Puppen zum Fenster heraus. Die Tiere im Zoo schrien schrecklich, bevor sie starben. Und langsam lösten die großen Hochöfen aus, Dampfer schwankten im Meer, beladen mit Toten und weder Weinen noch Lachen war mehr auf der Welt. Die Flugzeuge irrten mit tausend toten Piloten unter dem Himmel und sanken brennend ins Feld. Jetzt hatte die Menschheit endlich erreicht, was sie wollte. Zwar.

War die Methode nicht ausgesprochen human? Die Erde war aber endlich still und zufrieden und rollte völlig beruhigt ihre bekannte elliptische Bahn. Dem Revolutionär Jesus zum Geburtstag. 2000 Jahre sind es fast, seit du die Welt verlassen hast du Opferlamm des Lebens. Du gabst den Armen ihren Gott, du litte es durch den reichen Spott. Du tatest es vergebens. Du sahst Gewalt und Polizei. Du wolltest alle Menschen frei und Frieden auf der Erde. Du wusstest, wie das Elend tut und wolltest allen Menschen gut, damit es schöner werde.

Du warst ein Revolutionär und machst es dir das Leben schwer? Mit Schiebern und Gelehrten. Du hast die Freiheit stets beschützt und doch den Menschen nichts genützt.

Du kamst an die Verkehrten, du kämpfe es tapfer gegen sie und gegen Staat und Industrie und die gesamte Meute, bis man an dir, weil nichts verfing. Justizressort kurzerhand beging. Es war genau wie heute. Die Menschen wurden nicht gescheit. Am wenigsten die Christenheit. Trotz aller Hände falten. Du hattest sie vergeblich lieb. Du stirbst umsonst und alles blieb. Beim Alten. Der synthetische Mensch. Professor Bounce hat neulich Menschen erfunden, die kosten zwar laut Katalog ziemlich viel Geld, doch ihre Herstellung dauert nur sieben Stunden. Und außerdem kommen sie fix und fertig zur Welt. Man darf dergleichen Vorteile nicht unterschätzen. Professor Bunker hat mir das alles erklärt und ich merkte schon nach den ersten Worten und Sätzen Die Bunker schon Menschen sind das, was sie kosten, auch wert.

Sie werden mit Bärten oder mit Busen geboren, mit allen Zubehör teilen, je nach Geschlecht. Durch Kindheit und Jugend würde nur Zeit verloren, meinte Professor Bounce. Und da hat er ja Recht. Er sagte, wer einen Sohn, der Rechtsanwalt sei, etwa benötige, brauche ihn nur zu bestellen. Man liefere ihn frei ab. Fabrik in des Vaters Kanzlei, promoviert und vertraut mit den schwersten juristischen Fällen. Man brauche nun nicht mehr 20 Jahre zu warten, dass das Produkt einer unausgeschlafenen Nacht auf dem Umweg über Wiege und Kindergarten das Abitur und die übrigen Prüfungen macht. Es sei ja auch denkbar, das Kind werde dumm oder krank und sei für die Welt und die Eltern nicht recht zu verwenden. Oder es sei musikalisch. Das gäbe nur Zank, falls seine Eltern nichts von Musik verstanden, nicht wahr? Wer könne denn wirklich wissen, was später aus einem anfangs ganz reizenden Kinde wird? Bounce sagte, er liefere auch Töchter und Väter, und sein Verfahren habe sich selten geirrt. Nächstens vergrößere er seinem Menschen Fabrik. Schon heute liefere er 219 Sorten. Misslungene Aufträge nehme er natürlich zurück. Die müssten dann nochmals durch die verschiedenen Retorten. Ich sagte, da sei noch ein Bruch in den fertigen

Artikeln in jenen Menschen aus Bunkers Geburts Institut. Sie seien konstant und würden sich niemals entwickeln.

Da gab er zur Antwort Das ist ja gerade das Gute. Ob ich tatsächlich vom sich entwickeln was halte? Prof. Lucke sprach sie in strengem Ton. Auf seiner Stirn entstand eine tiefe Falte. Und dann bestellte ich mir einen vierzigjährigen Sohn. Die Entwicklung der Menschheit Einst haben die Kerle auf den Bäumen gehockt, behaart und mit böser Visage. Dann hat man sie aus dem Urwald gelockt und die Welt asphaltiert und aufgestockt bis zur dreißigsten Etage. Da saßen sie nun, den Flöhen entflohen, in zentral geheizten Räumen. Da sitzen sie nun am Telefon, und es herrscht noch genau derselbe Ton wie seinerzeit auf den Bäumen. Sie hören weit, sie sehen fern. Sie sind mit dem Weltall in Fühlung. Sie putzen die Zähne, sie atmen modern. Die Erde ist ein gebildeter Stern mit sehr viel Wasserspülung. Sie schießen die Briefschaften durch ein Rohr, sie jagen und züchten Mikroben. Sie versehen die Natur mit allem Komfort. Sie fliegen steil in den Himmel empor und bleiben zwei Wochen oben. Was ihre Verdauung übrig lässt, das verarbeiten sie zu Watte. Sie spalten Atome, sie heilen Inzest und sie stellen durch Stiehl Untersuchungen fest, dass Caesar Plattfüße hatte. So haben sie mit dem Kopf und dem Mund den Fortschritt der Menschheit geschaffen. Doch davon mal abgesehen und bei Lichte betrachtet sind sie im Grund noch immer die alten Affen.

Die Wälder schweigen. Die Jahreszeiten wandern durch die Wälder. Man sieht es nicht. Man liest es nur im Blatt. Die Jahreszeiten strolchen durch die Felder. Man zählt die Tage und nun zählen die Gelder. Man sehnt sich fort aus dem Geschrei der Stadt. Dass Dächer mehr schlägt, Ziegel, rote Wellen, die Luft ist dick und wie aus grauem Tuch. Man träumt von Äckern. Und von Pferde Pferdestärken. Man träumt von grünen Teichen und Forellen und möchte in die Stille zu Besuch. Die Seele wird vom Pflaster tretend, krumm. Mit Bäumen kann man wie mit Brüdern reden und tauscht bei ihnen seine Seele um. Die Wälder schweigen. Doch sie sind nicht stumm und wer auch kommen mag, sie trösten jeden. Man flieht aus den Büros und den Fabriken. Wohin ist gleich? Die Erde ist ja rund. Dort, wo die Gräser wie Bekannte nicken und wo die Spinnen seidene Strümpfe stricken. Wird man gesund?

Die Wälder schweigen. Die Jahreszeiten wandern durch die Wälder. Man sieht es nicht, man liest es nur im Blatt. Die Jahreszeiten strolchen durch die Felder. Man zählt die Tage und man zählt die Gelder. Man sehnt sich fort aus dem Geschrei der Stadt, dass Dächer mehr schlägt, Ziegel, rote Wellen. Die Luft ist dick und wie aus grauem Tuch. Man träumt von Äckern und von Pferde Stellen. Man träumt von grünen Teichen und Forellen und möchte in die Stille zu Besuch. Man flieht aus den Büros und den

Fabriken. Wohin ist gleich? Die Erde ist ja rund. Dort, wo die Gräser wie Bekannte nicken und wo die Spinnen seidene Strümpfe stricken, wird man gesund. Die Seele wird vom Pflaster treten, kommt, mit Bäumen kann man wie mit Brüdern reden und tauscht bei ihnen seine Seele um. Die Wälder schweigen. Doch sie sind nicht stumm. Und wer auch kommen mag, sie trösten jeden. Die Wälder schweigen. Die Jahreszeiten wandern durch die Wälder. Man sieht es nicht, man liest es nur im Blatt. Die Jahreszeiten strolchen durch die Felder. Man zählt die Tage und man zählt die Gelder. Man sehnt sich fort aus dem Geschrei der Stadt, dass Dächer mehr schlägt, Ziegel, rote Wellen. Die Luft ist dick und wie aus grauem Tuch. Man träumt von Äckern und von Pferde Stellen. Man träumt von grünen Teichen und Forellen und möchte in die Stille zu Besuch. Man flieht aus den Büros und den Fabriken. Wohin ist gleich? Die Erde ist ja rund. Dort, wo die Gräser wie Bekannte nicken und wo die Spinnen seidene Strümpfe stricken, wird man gesund. Die Seele wird vom Pflaster treten, kommt, mit Bäumen kann man wie mit Brüdern reden und tauscht bei ihnen seine Seele um.

Die Wälder schweigen. Doch sie sind nicht stumm. Und wer auch kommen mag, sie trösten jeden. Ein alter Mann geht vorüber. Ich war einmal ein Kind, genau wie ihr. Ich war ein Mann und jetzt bin ich ein Greis. Die Zeit verging. Ich bin noch immer hier und möchte gern vergessen, was ich weiß. Ich war ein Kind, ein Mann. Nun bin ich mürbe. Wer lange lebt, hat eines Tages genug. Ich hätte nichts dagegen, wenn ich stürbe. Ich bin so müde. Andere nennen es klug. Ach, ich sah manches Stück im Welttheater. Ich war einmal ein Kind, wie ihr seid. Ich war einmal ein Mann, ein Freund, ein Vater. Und meistens war es schade um die Zeit. Ich könnte euch verschiedenes erzählen, was nicht in euren Lese Büchern steht. Geschichten, welche im Geschichtsbuch fehlen, sind immer die, um die sich alles dreht. Wir hatten Krieg. Wir sahen, wie er war. Wir litten Not und sahen, wie sie entstand. Die großen Lügen wurden offenbar. Ich habe ein paar der Lügner gut gekannt. Ja, ich sah manches Stück im Welttheater. Ums Eintrittsgeld tut es mir noch heute leid. Ich war ein Kind, ein Mann, ein Freund, ein Vater. Und meistens war es schade um die Zeit. Wir hofften doch, die Hoffnung war vermessen und die Vernunft blieb wie ein Stern entfernt. Die nach uns kamen, hatten schnell vergessen, die nach uns kamen, hatten nichts gelernt. Sie hatten Krieg. Sie sahen, wie er war. Sie litten Not und sahen, wie sie entstand. Die großen Lügen wurden offenbar. Die großen Lügen werden nie erkannt. Und nun kommt ihr.

Ich kann euch nichts vererben. Macht, was ihr wollt. Doch merkt euch dieses Wort. Vernunft muss sich ein jeder selbst erwerben und nur die Dummheit pflanzt sich gratis fort. Die Welt besteht aus Neid und Streit und Leid. Und meistens ist es schade um die Zeit. Ein Mann gibt Auskunft. Das Jahr war schön und wird nicht wiederkehren. Du wusstest was ich wollte stets und gehst. Ich wünschte zwar, ich könnte dir es erklären und wünsche doch, dass du mich nicht verstehst. Ich riet dir manchmal, dich von mir zu trennen und danke dir, dass du bis heute bleibst. Du kanntest mich und lerntest mich nicht kennen. Ich hatte Angst vor dir, weil du mich liebst. Du denkst vielleicht, ich hätte dich betrogen? Du denkst bestimmt, ich wäre nicht wie einst. Und dabei habe ich dich nie belogen, wenn du auch weinst. Du könntest manchmal über meine Kühle. Ich muss dir sagen, damals warst du klug. Ich hatte stets die nämlichen Gefühle. Sie waren aber niemals stark genug. Du denkst, das klingt, als wollte ich mich loben und stünde stolz auf einer Art Podest. Ich stand nur fern von dir. Ich stand nicht oben. Du bist mir böse, weil du mich verlässt. Es gibt auch andere, die wie ich empfinden Wir sind umso viel ärmer als ihr seid. Wir suchen nicht, wir lassen uns bloß finden. Wenn wir euch leiden sehen, packt uns der Neid. Ihr habt es gut. Denn ihr dürft alles fühlen. Und wenn ihr trauert, drückt uns nur der Schuh. Ach, unsere Seelen sitzen wie auf Stühlen und sehen der Liebe zu. Ich hatte Furcht vor dir. Du stellt ist Fragen.

Ich brauchte dich und tat er doch nur weh. Du wolltest Antwort. Sollte ich denn sagen Geh! Es ist bequem, mit Worten zu erklären. Ich tue es nur, weil du es so verlangst. Das Jahr war schön und wird nicht wiederkehren. Und wer kommt nun? Leb wohl! Ich habe Angst. Eine Mutter zieht

Bilanz. Mein Sohn schreibt mir so gut wie gar nicht mehr. Das heißt, zu Ostern hat er mir geschrieben, er denke gern an mich zurück, schrieb er und würde mich wie stets von Herzen lieben. Das letzte Mal, als wir uns beide sahen. Das war genau vor zwei, drei Viertel Jahren. Ich stehe manchmal an der Eisenbahn, wenn Züge nach Berlin. Dort wohnt er fahren und einmal kaufte ich mir ein Billett und wäre beinahe nach Berlin gekommen. Doch dann begab ich mich zum Schalter Brett. Dort hat man das Billett zurückgenommen. Seit einem Jahr, da hat er eine Braut. Das Bild von ihr will er schon lange schicken. Ob er mich kommen lässt, wenn man sie traut? Ich würde ihnen gern ein Kissen sticken. Man weiß nun nicht, ob ihr so was gefällt. Ob ihr ihn wohl, wie er's verdiente, liebt? Mir ist manchmal so einzeln auf der Welt. Ob es auch zärtliche Söhne gibt? Wie war das schön, als wir zusammen waren, im gleichen Haus und in der gleichen Stadt? Nachts liege ich wach und höre die Züge fahren. Ob er noch immer seinen Husten hat? Ich habe von ihm noch ein paar Kinderschuhe. Nun ist er groß und lässt mich so allein. Ich sitze still und habe keine Ruhe. Am besten wäre es, die Kinder blieben klein.

Gewisse Ehepaare, ob sie nun gehen, sitzen oder liegen, sie sind zu zweit. Man sprach sich aus. Man hat sich ausgeschwiegen. Es ist so weit. Das Haar wird dünner und die Haut wird gelber von Jahr zu Jahr. Man kennt den anderen besser als sich selber. Der Fall liegt klar, man spricht durch Schweigen und man schweigt mit Worten. Der Mund läuft leer. Die Schweigsamkeit besteht aus 19 Sorten. Wenn ich das Meer vom Anblick ihrer Seelen und Krawatten, wurden sie bös. Sie sind wie Grammofon mit drei Platten. Das macht nervös. Wie oft sah man einander beim Betrügen voll ins Gesicht. Man kann zur Not das eigene Herz belügen. Das andere nicht. Sie lebten feig und wurden unansehnlich. Jetzt sind sie echt. Sie sind einander zum Erschrecken ähnlich und das mit Recht. Sie wurden stumpf wie Tiere hinterm Gitter. Sie flohen nie und manchmal steht vor den Käfigen ein Dritter. Der ärgert sie. Nachts liegen sie gefangen in den Betten und stöhnen sacht, während ihr Traum aus Bett und Kissen, Ketten und Särge machen. Sie mögen gehen, sitzen oder liegen, sie sind zu zweit. Man sprach sich aus. Man hat sich ausgeschwiegen. Nun ist es Zeit.

Ich bin die Zeit. Mein Reich ist klein und unbestreitbar weit. Ich bin die Zeit. Ich bin die Zeit, die schleicht und eilt. Die Wunden schlagen und Wunden heilen. Hab weder Herz noch Augenlicht. Ich trenne die Gut und Bösen nicht. Ich hasse keinen. Keiner tut mir leid. Ich bin die Zeit. Da ist nur eins. Das sei euch anvertraut, ihr sei zu laut. Ich höre die Sekunden nicht. Ich höre den Schritt der Stunden nicht. Ich höre euch beten, fluchen, schreien. Ich höre Schüsse zwischen dreien. Ich höre nur euch, nur euch allein. Gebt Acht, ihren Menschen, was ich sagen will. Seid endlich still. Ihr seid ein Stäubchen am Gewand der Zeit. Lasst euren Streit klein. Wie ein Punkt ist

der Planet, der sich samt euch im Weltall dreht.
Mikroben pflegen nicht zu schreien. Und wollt ihr
schon nicht weise sein? Könnt ihr zumindest leise
sein? Schweigt vor dem Ticken der Unendlichkeit.
Hört auf die Zeit. Traurigkeit, die jeder kennt.
Man weiß von vornherein, wie es verläuft. Vor
morgen früh wird man bestimmt nicht munter
und wenn man sich auch noch so sehr besäuft. Die
Bitterkeit, die spült man nicht hinunter. Die
Trauer kommt und geht ganz ohne Grund und
angefüllt ist man mit nichts als Leere. Man ist
nicht krank und ist auch nicht gesund. Es ist, als
ob die Seele unwohl wäre.

Man will allein sein und auch wieder nicht.
Man hebt die Hand und möchte sich verprügeln
vorm Spiegel denkt man Das ist dein Gesicht.
Ach, solche Falten kann kein Schneider bügeln.
Vielleicht hat man sich das Gemüt verrenkt. Die
Sterne ähneln plötzlich Sommersprossen. Man ist
nicht krank. Man fühlt sich nur gekränkt und hält,
was es auch sei, für ausgeschlossen. Man möchte
fort und findet kein Versteck. Es wäre denn, man
ließe sich begraben. Wohin man blickt, entsteht
ein dunkler Fleck. Man möchte tot sein. Oder
Gründe haben. Man weiß, die Trauer ist sehr bald
behoben, sie schwand noch jedes Mal, so oft sie
kam. Mal ist man unten und mal ist man oben.
Die Seelen werden immer wieder zahm. Der eine
nickt und sagt So ist das Leben. Der andere
schüttelt seinen Kopf und weint. Wer traurig ist,
sei es ohne Widerstreben. Soll der eine Trost sein?
So war es nicht gemeint. Und wo bleibt das

Positive, Herr Kästner? Und immer wieder schickt ihr mir Briefe, in denen ihr dick unterstrichen schreibt Herr Kästner, wo bleibt das Positive? Ja, weiß der Teufel, wo das bleibt? Noch immer räumt ihr dem Guten und Schönen den leeren Platz überm Sofa ein. Er wollte euch noch immer nicht daran gewöhnen, gescheit und trotzdem tapfer zu sein.

Ihr braucht schon wieder mal Vaseline, mit der ihr das trockene Brot beschmiert. Er sagt schon wieder mit gläubiger Miene Der siebente Himmel wird frisch tapeziert. Hier streut euch Zucker über die Schmerzen und denkt unter Zucker verschwenden sie, ihr baut schon wieder Balkons vor die Herzen und nehmt die Strampeln der Seele aufs Knie. Die Spezies Mensch ging aus dem Leim und mit ihr Haus und Staat und Welt. Ihr wünscht, dass Ichs hübsch zusammenreimen und denkt, dass es dann zusammenhält. Ich will nicht schwindeln. Ich werde nicht schwindeln. Die Zeit ist schwarz, ich mach euch nichts weiß. Es gibt genug Lieferanten von Windeln und manche liefern zum Selbstkostenpreis, haben Sonne in sämtlichen Körperteilen und wickelt die Sorgen in Seidenpapier. Doch tut es rasch. Ihr müsst euch beeilen, sonst werden die Sorgen größer als ihr. Die Zeit liegt im Sterben. Bald wird sie begraben. Im Osten zimmern sie schon den Sarg. Ihr möchtet gern euren Spaß dran haben. Ein Friedhof ist kein Lunar Park. Die Teilung der Erde. Nehmt hin die Welt! Rief Zeus von seinen Höhen den Menschen zu. Nehmt sie soll euer sein, euch schenke ich sie zum ERP und ewigen Lehen. Doch teilt euch brüderlich darein. Da eilt, was Hände hat, sich einzurichten. Es regte sich geschäftig, Jung und Alt da.

War die Methode nicht ausgesprochen human? Die Erde war aber endlich still und zufrieden und rollte völlig beruhigt ihre bekannte elliptische Bahn. Dem Revolutionär Jesus zum Geburtstag. 2000 Jahre sind es fast, seit du die Welt verlassen hast du Opferlamm des Lebens. Du gabst den Armen ihren Gott, du litte es durch den reichen Spott. Du tatest es vergebens. Du sahst Gewalt und Polizei. Du wolltest alle Menschen frei und Frieden auf der Erde. Du wusstest, wie das Elend tut und wolltest allen Menschen gut, damit es schöner werde. Du warst ein Revolutionär und machst es dir das Leben schwer? Mit Schiebern und Gelehrten. Du hast die Freiheit stets beschützt und doch den Menschen nichts genützt. Du kamst an die Verkehrten, du kämpfte es tapfer gegen sie und gegen Staat und Industrie und die gesamte Meute, bis man an dir, weil nichts verfing. Justizressort kurzerhand beging. Es war genau wie heute. Die Menschen wurden nicht gescheit. Am wenigsten die Christenheit. Trotz aller Hände falten. Du hattest sie vergeblich lieb. Du stirbst umsonst und alles blieb. Beim Alten. Der synthetische Mensch. Professor Bounce hat neulich Menschen erfunden, die kosten zwar laut Katalog ziemlich viel Geld, doch ihre Herstellung dauert nur sieben Stunden. Und außerdem kommen sie fix und fertig zur Welt. Man darf dergleichen Vorteile nicht unterschätzen. Professor Bunker hat mir das alles erklärt und ich merkte schon nach den ersten Worten und Sätzen Die Bunker schon Menschen sind das, was sie kosten, auch wert.

Sie werden mit Bärten oder mit Busen geboren, mit allen Zubehör teilen, je nach Geschlecht. Durch Kindheit und Jugend würde nur Zeit verloren, meinte Professor Bounce. Und da hat er ja Recht. Er sagte, wer einen Sohn, der Rechtsanwalt sei, etwa benötige, brauche ihn nur zu bestellen. Man liefere ihn frei ab. Fabrik in des Vaters Kanzlei, promoviert und vertraut mit den schwersten juristischen Fällen. Man brauche nun nicht mehr 20 Jahre zu warten, dass das Produkt einer unausgeschlafenen Nacht auf dem Umweg über Wiege und Kindergarten das Abitur und die übrigen Prüfungen macht. Es sei ja auch denkbar, das Kind werde dumm oder krank und sei für die Welt und die Eltern nicht recht zu verwenden. Oder es sei musikalisch. Das gäbe nur Zank, falls seine Eltern nichts von Musik verstanden, nicht wahr? Wer könne denn wirklich wissen, was später aus einem anfangs ganz reizenden Kinde wird? Bounce sagte, er liefere auch Töchter und Väter, und sein Verfahren habe sich selten geirrt. Nächstens vergrößere er seinem Menschen Fabrik. Schon heute liefere er 219 Sorten. Misslungene Aufträge nehme er natürlich zurück. Die müssten dann nochmals durch die verschiedenen Retorten.

Ich sagte, da sei noch ein Bruch in den fertigen Artikeln in jenen Menschen aus Bunkers Geburts Institut. Sie seien konstant und würden sich niemals entwickeln.

Da gab er zur Antwort Das ist ja gerade das Gute. Ob ich tatsächlich vom sich entwickeln was halte? Prof. Lucke sprach sie in strengem Ton. Auf seiner Stirn entstand eine tiefe Falte. Und dann bestellte ich mir einen vierzigjährigen Sohn. Die Entwicklung der Menschheit Einst haben die Kerle auf den Bäumen gehockt, behaart und mit böser Visage. Dann hat man sie aus dem Urwald gelockt und die Welt asphaltiert und aufgestockt bis zur dreißigsten Etage. Da saßen sie nun, den Flöhen entflohen, in zentral geheizten Räumen. Da sitzen sie nun am Telefon, und es herrscht noch genau derselbe Ton wie seinerzeit auf den Bäumen. Sie hören weit, sie sehen fern. Sie sind mit dem Weltall in Fühlung. Sie putzen die Zähne, sie atmen modern. Die Erde ist ein gebildeter Stern mit sehr viel Wasserspülung. Sie schießen die Briefschaften durch ein Rohr, sie jagen und züchten Mikroben. Sie versehen die Natur mit allem Komfort. Sie fliegen steil in den Himmel empor und bleiben zwei Wochen oben. Was ihre Verdauung übrig lässt, das verarbeiten sie zu Watte. Sie spalten Atome, sie heilen Inzest und sie stellen durch Stiehl Untersuchungen fest, dass Caesar Plattfüße hatte. So haben sie mit dem Kopf und dem Mund den Fortschritt der Menschheit geschaffen. Doch davon mal abgesehen und bei

Lichte betrachtet sind sie im Grund noch immer die alten Affen.

Die Wälder schweigen. Die Jahreszeiten wandern durch die Wälder. Man sieht es nicht. Man liest es nur im Blatt. Die Jahreszeiten strolchen durch die Felder. Man zählt die Tage und nun zählen die Gelder. Man sehnt sich fort aus dem Geschrei der Stadt. Dass Dächer mehr schlägt, Ziegel, rote Wellen, die Luft ist dick und wie aus grauem Tuch. Man träumt von Äckern. Und von Pferde Pferdestärken. Man träumt von grünen Teichen und Forellen und möchte in die Stille zu Besuch. Die Seele wird vom Pflaster tretend, krumm. Mit Bäumen kann man wie mit Brüdern reden und tauscht bei ihnen seine Seele um. Die Wälder schweigen. Doch sie sind nicht stumm und wer auch kommen mag, sie trösten jeden. Man flieht aus den Büros und den Fabriken. Wohin ist gleich? Die Erde ist ja rund. Dort, wo die Gräser wie Bekannte nicken und wo die Spinnen seidene Strümpfe stricken. Wird man gesund?

Die Wälder schweigen. Die Jahreszeiten wandern durch die Wälder. Man sieht es nicht, man liest es nur im Blatt. Die Jahreszeiten strolchen durch die Felder. Man zählt die Tage und man zählt die Gelder. Man sehnt sich fort aus dem Geschrei der Stadt, dass Dächer mehr schlägt, Ziegel, rote Wellen. Die Luft ist dick und wie aus grauem Tuch. Man träumt von Äckern und von Pferde Stellen. Man träumt von grünen Teichen und Forellen und möchte in die Stille zu Besuch. Man flieht aus den Büros und den Fabriken. Wohin ist gleich? Die Erde ist ja rund. Dort, wo die Gräser wie Bekannte nicken und wo die Spinnen seidene Strümpfe stricken, wird man gesund. Die Seele wird vom Pflaster treten, kommt, mit Bäumen kann man wie mit Brüdern reden und tauscht bei ihnen seine Seele um. Die Wälder schweigen. Doch sie sind nicht stumm. Und wer auch kommen mag, sie trösten jeden. Die Wälder schweigen. Die Jahreszeiten wandern durch die Wälder. Man sieht es nicht, man liest es nur im Blatt. Die Jahreszeiten strolchen durch die Felder. Man zählt die Tage und man zählt die Gelder. Man sehnt sich fort aus dem Geschrei der Stadt, dass Dächer mehr schlägt, Ziegel, rote Wellen. Die Luft ist dick und wie aus grauem Tuch. Man träumt von Äckern und von Pferde Stellen. Man träumt von grünen Teichen und Forellen und möchte in die Stille zu Besuch. Man flieht aus den Büros und den Fabriken. Wohin ist gleich? Die Erde ist ja rund. Dort, wo die Gräser wie Bekannte nicken und wo die Spinnen seidene Strümpfe stricken, wird man gesund. Die Seele wird vom Pflaster treten, kommt, mit Bäumen kann man wie mit Brüdern reden und tauscht bei ihnen seine Seele um.

Die Wälder schweigen. Doch sie sind nicht stumm. Und wer auch kommen mag, sie trösten jeden. Ein alter Mann geht vorüber. Ich war einmal ein Kind, genau wie ihr. Ich war ein Mann und jetzt bin ich ein Greis. Die Zeit verging. Ich bin noch immer hier und möchte gern vergessen, was ich weiß. Ich war ein Kind, ein Mann. Nun bin ich mürbe. Wer lange lebt, hat eines Tages genug. Ich hätte nichts dagegen, wenn ich stürbe. Ich bin so müde. Andere nennen es klug. Ach, ich sah manches Stück im Welttheater. Ich war einmal ein Kind, wie ihr seid. Ich war einmal ein Mann, ein Freund, ein Vater. Und meistens war es schade um die Zeit. Ich könnte euch verschiedenes erzählen, was nicht in euren Lese Büchern steht. Geschichten, welche im Geschichtsbuch fehlen, sind immer die, um die sich alles dreht. Wir hatten Krieg. Wir sahen, wie er war. Wir litten Not und sahen, wie sie entstand. Die großen Lügen wurden offenbar. Ich habe ein paar der Lügner gut gekannt. Ja, ich sah manches Stück im Welttheater. Ums Eintrittsgeld tut es mir noch heute leid. Ich war ein Kind, ein Mann, ein Freund, ein Vater. Und meistens war es schade um die Zeit. Wir hofften doch, die Hoffnung war vermessen und die Vernunft blieb wie ein Stern entfernt. Die nach uns kamen, hatten schnell vergessen, die nach uns kamen, hatten nichts gelernt. Sie hatten Krieg. Sie sahen, wie er war. Sie litten Not und sahen, wie sie entstand. Die großen Lügen wurden offenbar. Die großen Lügen werden nie erkannt. Und nun kommt ihr.

Ich kann euch nichts vererben. Macht, was ihr wollt. Doch merkt euch dieses Wort. Vernunft muss sich ein jeder selbst erwerben und nur die Dummheit pflanzt sich gratis fort. Die Welt besteht aus Neid und Streit und Leid. Und meistens ist es schade um die Zeit. Ein Mann gibt Auskunft. Das Jahr war schön und wird nicht wiederkehren. Du wusstest was ich wollte stets und gehst. Ich wünschte zwar, ich könnte dir es erklären und wünsche doch, dass du mich nicht verstehst. Ich riet dir manchmal, dich von mir zu trennen und danke dir, dass du bis heute bleibst. Du kanntest mich und lerntest mich nicht kennen. Ich hatte Angst vor dir, weil du mich liebst. Du denkst vielleicht, ich hätte dich betrogen? Du denkst bestimmt, ich wäre nicht wie einst. Und dabei habe ich dich nie belogen, wenn du auch weinst. Du könntest manchmal über meine Kühle. Ich muss dir sagen, damals warst du klug. Ich hatte stets die nämlichen Gefühle. Sie waren aber niemals stark genug. Du denkst, das klingt, als wollte ich mich loben und stünde stolz auf einer Art Podest. Ich stand nur fern von dir. Ich stand nicht oben. Du bist mir böse, weil du mich verlässt. Es gibt auch andere, die wie ich empfinden Wir sind umso viel ärmer als ihr seid. Wir suchen nicht, wir lassen uns bloß finden. Wenn wir euch leiden sehen, packt uns der Neid. Ihr habt es gut. Denn ihr dürft alles fühlen. Und wenn ihr trauert, drückt uns nur der Schuh. Ach, unsere Seelen sitzen wie auf Stühlen und sehen der Liebe zu. Ich hatte Furcht vor dir. Du stellt ist Fragen.

Ich brauchte dich und tat er doch nur weh. Du wolltest Antwort. Sollte ich denn sagen Geh! Es ist bequem, mit Worten zu erklären. Ich tue es nur, weil du es so verlangst. Das Jahr war schön und wird nicht wiederkehren. Und wer kommt nun? Leb wohl! Ich habe Angst. Eine Mutter zieht Bilanz. Mein Sohn schreibt mir so gut wie gar nicht mehr. Das heißt, zu Ostern hat er mir geschrieben, er denke gern an mich zurück, schrieb er und würde mich wie stets von Herzen lieben. Das letzte Mal, als wir uns beide sahen. Das war genau vor zwei, drei Viertel Jahren. Ich stehe manchmal an der Eisenbahn, wenn Züge nach Berlin. Dort wohnt er fahren und einmal kaufte ich mir ein Billett und wäre beinahe nach Berlin gekommen. Doch dann begab ich mich zum Schalter Brett. Dort hat man das Billett zurückgenommen. Seit einem Jahr, da hat er eine Braut. Das Bild von ihr will er schon lange schicken. Ob er mich kommen lässt, wenn man sie traut? Ich würde ihnen gern ein Kissen sticken. Man weiß nun nicht, ob ihr so was gefällt. Ob sie ihn wohl, wie er's verdiente, liebt? Mir ist manchmal so einzeln auf der Welt. Ob es auch zärtliche Söhne gibt? Wie war das schön, als wir zusammen waren, im gleichen Haus und in der gleichen Stadt? Nachts liege ich wach und höre die Züge fahren. Ob er noch immer seinen Husten hat? Ich habe von ihm noch ein paar Kinderschuhe. Nun ist er groß und lässt mich so allein. Ich sitze still und habe keine Ruhe. Am besten wäre es, die Kinder blieben klein.

Gewisse Ehepaare, ob sie nun gehen, sitzen oder liegen, sie sind zu zweit. Man sprach sich aus. Man hat sich ausgeschwiegen. Es ist so weit. Das Haar wird dünner und die Haut wird gelber von Jahr zu Jahr. Man kennt den anderen besser als sich selber. Der Fall liegt klar, man spricht durch Schweigen und man schweigt mit Worten. Der Mund läuft leer. Die Schweigsamkeit besteht aus 19 Sorten. Wenn ich das Meer vom Anblick ihrer Seelen und Krawatten, wurden sie bös. Sie sind wie Grammofon mit drei Platten. Das macht nervös. Wie oft sah man einander beim Betrügen voll ins Gesicht. Man kann zur Not das eigene Herz belügen. Das andere nicht. Sie lebten feig und wurden unansehnlich. Jetzt sind sie echt. Sie sind einander zum Erschrecken ähnlich und das mit Recht. Sie wurden stumpf wie Tiere hinterm Gitter. Sie flohen nie und manchmal steht vor den Käfigen ein Dritter. Der ärgert sie. Nachts liegen sie gefangen in den Betten und stöhnen sacht, während ihr Traum aus Bett und Kissen, Ketten und Särge machen. Sie mögen gehen, sitzen oder liegen, sie sind zu zweit. Man sprach sich aus. Man hat sich ausgeschwiegen. Nun ist es Zeit.

Ich bin die Zeit. Mein Reich ist klein und unbestreitbar weit. Ich bin die Zeit. Ich bin die Zeit, die schleicht und eilt. Die Wunden schlagen und Wunden heilen. Hab weder Herz noch Augenlicht. Ich trenne die Gut und Bösen nicht. Ich hasse keinen. Keiner tut mir leid. Ich bin die Zeit. Da ist nur eins. Das sei euch anvertraut, ihr sei zu laut. Ich höre die Sekunden nicht. Ich höre den Schritt der Stunden nicht. Ich höre euch beten, fluchen, schreien. Ich höre Schüsse zwischen dreien. Ich höre nur euch, nur euch allein. Gebt Acht, ihren Menschen, was ich sagen will. Seid endlich still. Ihr seid ein Stäubchen am Gewand der Zeit. Lasst euren Streit klein. Wie ein Punkt ist der Planet, der sich samt euch im Weltall dreht. Mikroben pflegen nicht zu schreien. Und wollt ihr schon nicht weise sein? Könnt ihr zumindest leise sein? Schweigt vor dem Ticken der Unendlichkeit. Hört auf die Zeit. Traurigkeit, die jeder kennt. Man weiß von vornherein, wie es verläuft. Vor morgen früh wird man bestimmt nicht munter und wenn man sich auch noch so sehr besäuft. Die Bitterkeit, die spült man nicht hinunter. Die Trauer kommt und geht ganz ohne Grund und angefüllt ist man mit nichts als Leere. Man ist nicht krank und ist auch nicht gesund. Es ist, als ob die Seele unwohl wäre.

Man will allein sein und auch wieder nicht. Man hebt die Hand und möchte sich verprügeln vorm Spiegel denkt man Das ist dein Gesicht. Ach, solche Falten kann kein Schneider bügeln. Vielleicht hat man sich das Gemüt verrenkt. Die Sterne ähneln plötzlich Sommersprossen. Man ist nicht krank. Man fühlt sich nur gekränkt und hält, was es auch sei, für ausgeschlossen. Man möchte fort und findet kein Versteck. Es wäre denn, man ließe sich begraben. Wohin man blickt, entsteht ein dunkler Fleck. Man möchte tot sein. Oder

Gründe haben. Man weiß, die Trauer ist sehr bald behoben, sie schwand noch jedes Mal, so oft sie kam. Mal ist man unten und mal ist man oben. Die Seelen werden immer wieder zahm. Der eine nickt und sagt So ist das Leben. Der andere schüttelt seinen Kopf und weint. Wer traurig ist, sei es ohne Widerstreben. Soll der eine Trost sein? So war es nicht gemeint. Und wo bleibt das Positive, Herr Kästner? Und immer wieder schickt ihr mir Briefe, in denen ihr dick unterstrichen schreibt Herr Kästner, wo bleibt das Positive? Ja, weiß der Teufel, wo das bleibt? Noch immer räumt ihr dem Guten und Schönen den leeren Platz überm Sofa ein. Er wollte euch noch immer nicht daran gewöhnen, gescheit und trotzdem tapfer zu sein.

Ihr braucht schon wieder mal Vaseline, mit der ihr das trockene Brot beschmiert. Er sagt schon wieder mit gläubiger Miene Der siebente Himmel wird frisch tapeziert. Hier streut euch Zucker über die Schmerzen und denkt unter Zucker verschwenden sie, ihr baut schon wieder Balkons vor die Herzen und nehmt die Strampeln der Seele aufs Knie. Die Spezies Mensch ging aus dem Leim und mit ihr Haus und Staat und Welt. Ihr wünscht, dass Ichs hübsch zusammenreimen und denkt, dass es dann zusammenhält. Ich will nicht schwindeln. Ich werde nicht schwindeln. Die Zeit ist schwarz, ich mach euch nichts weiß. Es gibt genug Lieferanten von Windeln und manche liefern zum Selbstkostenpreis, haben Sonne in sämtlichen Körperteilen und wickelt die Sorgen in Seidenpapier. Doch tut es rasch. Ihr müsst euch beeilen, sonst werden die Sorgen größer als ihr. Die Zeit liegt im Sterben. Bald wird sie begraben. Im Osten zimmern sie schon den Sarg. Ihr möchtet gern euren Spaß dran haben. Ein Friedhof ist kein Lunar Park. Die Teilung der Erde. Nehmt hin die Welt! Rief Zeus von seinen Höhen den Menschen zu. Nehmt sie soll euer sein, euch schenke ich sie zum ERP und ewigen Lehen. Doch teilt euch brüderlich darein. Da eilt, was Hände hat, sich einzurichten. Es regte sich geschäftig Jung und Alt da.

Der Ackermann griff nach des Feldes Früchten, der Junker pirschte durch den Wald. Der Kaufmann nimmt, was seine Speicher fassen. Der Abt wählt sich den edlen Firnis Wein. Der König sperrt die Brücken und die Straßen und sprach Der Zehnte ist mein. Ganz spät, nachdem die Teilung längst geschehen. Naht der Poet. Er kam aus weiter fern. Ach, da war überall nichts mehr zu sehen. Und alles hatte seinen Herrn. Weh mir! So sollte ich allein von allen vergessen sein. Ich danke treuestem Sohn. So ließ er laut der Klage Ruf erschallen und warf sich hin vor Jehovas Thron. Wenn du im Land der Träume dich verweilt. Versetzt der Gott so hadert nicht mit mir. Wo warst du denn, als man die Welt geteilt? Ich war, sprach der Poet, bei dir. Mein Auge hing an deinem Angesichte. An deines Himmels Harmonie. Mein Ohr. Verzeih dem Geist, der von deinem Lichte berauscht. Das Irdische verlor. Was tun, spricht Zeus. Die Welt ist weggegeben, der Herbst die Jagd, der Markt ist nicht mehr mein. Willst du in meinem Himmel mit mir leben? So oft du kommst. Er soll dir offen sein.

Je mehr du gedacht, je mehr du getan hast, desto länger hast du selbst in deiner eigenen Einbildung gelebt. Es gibt nichts Praktisches als eine gute Theorie. Handle so, dass die Maxime deines Willens jederzeit zugleich als Prinzip einer allgemeinen Gesetzgebung gelten könnte. Gedanken ohne Inhalt sind leer, Anschauungen ohne Begriffe sind blind. Quelle Kritik der reinen Vernunft Die transzendentale Logik. Die Freiheit eines jeden beginnt dort, wo die Freiheit eines anderen aufhört. Wenn wir die Ziele wollen, wollen wir auch die Mittel. Der ziellose Mensch erleidet sein Schicksal, der zielbewusste, gestaltetes. Über Geschmack lässt sich nicht disputieren. Blindheit trennt von den Dingen, Taubheit von den Menschen. Pflicht ist die Notwendigkeit einer Handlung aus Achtung fürs Gesetz. Die Aufgabe des Menschengeistes besteht nicht darin, die Wahrheit zu suchen, sondern ein möglichst treffliches Bild der Wahrheit zu bekommen. Der Wille ist das Gesetz. Die Menschen sind mit ihrem Gewissen gerne passiv. Es ist dem menschlichen Verstande unumgänglich notwendig, Möglichkeit und Wirklichkeit der Dinge zu unterscheiden. Was will ich? Fragt der Verstand, worauf kommt es an? Fragt die Urteilskraft. Was kommt heraus? Fragt die Vernunft. Aber denken kann ich, was ich will, solange ich mir selbst nicht widerspreche. Habe Mut, dich deines eigenen Verstandes zu bedienen. Lat. sapere od. Faulheit. Der Hang zur Ruhe ohne vorhergehende Arbeit. Der größte Sinnen Genuss, der gar keine Beimischung von Ekel bei sich führt, ist im gesunden Zustande Ruhe nach der Arbeit.

Demut ist eigentlich nichts anderes als eine Vergleichung seines Wertes mit der moralischen Vollkommenheit. Wer sich zum Wurm macht, soll nicht klagen, wenn er getreten wird. Mit dem Alter nimmt die Urteilskraft zu und das Genie ab. Die Pflicht gegen sich selbst besteht darin, dass der Mensch die Würde der Menschheit in seiner eigenen Person bewahre. Phantasie ist unser guter Genius oder unser Dämon. Drei Dinge helfen, die Müh Seligkeiten des Lebens zu tragen die Hoffnung, der Schlaf und das Lachen. Wir sind nicht auf der Welt, um glücklich zu werden, sondern um unsere Pflicht zu erfüllen. Es ist nichts beständiger als die Unbeständigkeit. Frankreich ist das Land der Moden. England das Land der Launen, Spanien das Land der Ahnen, Italien das Land der Pracht. Und Deutschland das Land der Titel. Ich kann, weil ich will, was ich muss. Irrtümer entspringen nicht allein daher, weil man gewisse Dinge nicht weiß, sondern weil man sich zu urteilen unternimmt, obgleich man doch nicht alles weiß, was dazu erfordert wird. Kein Mensch ist so wichtig, wie er sich nimmt. Reich ist man nicht durch das, was man besitzt, sondern mehr noch durch das, was man mit Würde zu entbehren weiß. Zwei Dinge erfüllen das Gemüt mit immer neuer und zunehmender Bewunderung und Ehrfurcht. Je öfter und anhaltender sich das Nachdenken damit beschäftigt.

Schön ist dasjenige, was ohne Interesse gefällt. Erfahrung ist eine verstandene Wahrnehmung. Die Sinne betrügen nicht, nicht weil sie immer richtig urteilen, sondern weil sie gar nicht urteilen. Weshalb der Irrtum immer nur dem Verstande zur Last fällt. Man nennt einen Menschen böse, nicht darum, weil er Handlungen ausübt, welche böse sind, sondern weil diese so beschaffen sind, dass sie auf böse Maximen schließen lassen. Nur wer das Leben ernst bitterernst nimmt, hat auch wirklich Humor. Gesehen Nie ist das Talent der Erfindung dessen, was nicht gelehrt oder gelernt werden kann. Alle Sprache ist Bezeichnung der Gedanken und umgekehrt die vorzüglichste Art der Gedanken Bezeichnung ist die durch Sprache dieses größte Mittel, sich selbst und andere zu verstehen. Krieg ist darin schlimm, dass er mehr böse Menschen macht, als er deren wegnimmt. Aufklärung ist der Ausgang des Menschen aus seiner selbstverschuldeten Unmündigkeit. Ein jeder Mensch hat rechtmäßigen Anspruch auf Achtung von seinen Nebenmenschen und wechselseitig ist er dazu auch gegen jeden anderen verbunden. Der Mann ist leicht zu erforschen, die Frau verrät ihr Geheimnis nicht. Wenn die Wissenschaft ihren Kreis durchlaufen hat, so gelangt sie natürlicherweise zu dem Punkte eines bescheidenen Misstrauens und sagt unwillig über sich selbst Wie viele Dinge gibt es doch, die ich nicht einsehe? Es ist überall nichts auf der Welt, ja überhaupt auch außer derselben zu denken möglich, was ohne Einschränkung für gut könnte gehalten werden als allein ein guter Wille.

Niemals empört etwas mehr als Ungerechtigkeit. Alle anderen Übel, die wir ausstehen, sind nichts dagegen. Eine Religion, die der Vernunft unbedenklich den Krieg ankündigt, wird es auf Dauer gegen sie nicht aushalten. Denken ohne Erfahrung ist leer, Erfahrung ohne Denken ist blind. Ein sehende Leute, weil die Wahrheit ihr eigentliches Objekt ist und sie nur an dem, was beständig ist, Vergnügen finden, sind jederzeit ehrlich. Der Mensch ist das einzige Geschöpf, das erzogen werden muss. Viele Gewohnheiten, weniger Freiheit. Torheit und Verstand haben so unkenntlich bezeichnete Grenzen, dass man schwerlich in dem einen Gebiete lange fortgeht, ohne bisweilen einen kleinen Streif in das andere zu tun. Gedächtnis ist Phantasie mit Bewusstsein. Die sogenannten Religions Streitigkeiten, welche die Welt so oft erschüttert und mit Blut bespritzt haben, sind nie etwas anderes als Zänkereien um den Kirchen glauben gewesen. Dass alle unsere Erkenntnis mit der Erfahrung anfange, daran ist gar kein Zweifel. Wer auf Hochachtung pocht, fordert alles, um sich zum Tadel heraus eine jede Entdeckung auch des mindesten Fehlers macht jedermann eine wahre Freude. Wenn die Gerechtigkeit untergeht, hat es keinen Wert mehr, dass Menschen auf Erden leben. Denken ist Reden mit sich selbst. Den Tod fürchten die am wenigsten, deren Leben am meisten wert hat.

50 Schrägstriche zwei. Hans Dieter Hüsch. Was ist das für ein Phänomen? Fast kaum zu hören. Kaum zu sehen. Ganz früh schon fängt es in uns an. Das ist das Raffinierte daran. Als Kind hat man es noch nicht gefühlt. Hat noch mit allem schön gespielt, das Dreirad hat man sich geteilt. Und niemand hat deshalb geheult. Doch dann hieß es von oben her mit dem Da spielst du jetzt nicht mehr, es möchte ich nicht noch einmal sehen. Was ist das für ein Phänomen? Und ist man größer? Macht man es auch, das scheint ein alter Menschen brauch, nur weil ein anderer anders spricht. Und hat ein anderes Gesicht. Und wenn man es noch so harmlos meint. Das. Ist das anfangs Bild vom Feind? Er passt mir nicht. Er liegt mir nicht. Ich mag ihn nicht, ich finde ihn schlicht geschmacklos und hat keinen Grips und außerdem sein bunter Schlips. Dann. Setzt sich in Bewegung, leis der Hochmut und der Teufelskreis. Und sagt man was dagegen mal? Dann heißt es Wer ist denn hier normal? Ich oder eher du oder ich? Ich finde den Typen widerlich. Und wenn du einen Penner siehst. Wer sich sein Brot vom Dreck aufschließt, dann sagt ein Mann zu seiner Frau Guck dir den Schmierfink an und die Sau verwahrlost bis zum Dorf hinaus. Ja, früher warf man die gleich raus und heute muss

ich die ernähren und unsereins darf sich nicht wehren. Und dann die Gastarbeiter Pest.

Der letzte Rest vom Menschenrecht. Wie sollte man das tät gut Spießrutenlaufen lassen bis aufs Blut. Es. Das haben wir doch schon mal gehört. Da hat man die gleich streng verhört, verfolgt, gehetzt und für und für ins Lager rein gepfercht. Und hier? Hat man sie dann erschlagen, all. Die Kinder mal auf jeden Fall. Sie hatten keinem was getan. Was ist das für ein Größenwahn? Das lodert auf im Handumdrehen und ist auf einmal Weltgeschehen. Und plötzlich stehen an jedem Haus die Juden und Zigeuner raus. Nur weil kein Mensch derselbe ist. Und weiß und schwarz und gelbe ist. Wird er verbrannt, ob Frau, ob Mann. Und das fängt schon von klein auf an! Und wenn ihr heute Dreirad fahrt, ihr Sterblichen. Noch klein und zart. Es ist doch eure schönste Zeit voll Fantasie und Kindlichkeit. Lasst keinen kommen, der da sagt, dass ihm dein Schulfreund nicht behagt. Dann. Stellt euch vor das Türken Kind. Dass ihm kein Leids und Tränen sind. Dann nehmt euch alle an die Hand. Und nehmt auch den, der nicht erkannt, dass früh schon in uns allen brennt. Das. Was man den Faschismus nennt. Nur wenn wir eins sind überall. Dann gibt es keinen neuen Fall von Auschwitz. Bis nach Buchenwald. Und wer es nicht spürt, der merkt es bald. Nur wenn wir alle in uns sehen, besiegen wir das Phänomen. Nur wenn wir alle. In uns sind. Fliegt keine Asche mehr. Im Wind.

Die Wahl Esel. Die Freiheit hat man satt am Ende und die Republik der Tiere begehrte, dass ein einziger Regent sie absolut regiere. Jedwede Tier Gattung versammelte sich, Wahlzettel wurden geschrieben, Partei Sucht wütete fürchterlich, Intrigen wurden getrieben. Das Komitee der Esel ward von Alt Langohren regiert. Sie hatten die Köpfe mit einer Kokarde die schwarz rot Gold verziert. Es gab eine kleine Pferde Partei, doch wagte sie nicht zu stimmen. Sie hatte Angst vor dem Geschrei der alt lang Ohren des Grimmens. Als einer jedoch die Kandidatur des Rosses empfahl, mit Zenta ein alt Langohr in die Rede ihm fuhr und schrie Du bist ein Verräter, du bist ein Verräter. Es fließt in dir kein Tropfen vom Esels Blute. Du bist kein Esel. Ich glaube schier dich warf eine welsche Stute. Du stammst vom Zebra, vielleicht die Haut. Sie ist gestreift, hebräisch auch deiner Stimme, der laut klingt, ziemlich ägyptisch hebräisch. Und wärst du kein Fremdling, so bist du doch nur Verstandes. Esel, ein Kalter. Du kennst nicht die Tiefen der Esel Natur, dir klingt nicht ihr mystischer Psalter. Ich aber versenkte die Seele ganz in jenes süße Getöse. Ich bin ein Esel. An meinem Schwanz ist jedes Haar ein Esel. Ich bin kein rühmlichen, ich bin kein Sklave. Ein deutscher Esel bin ich gleich meinen Vätern. Sie waren so brav, so pflanzen, urwüchsig, so sinnig.

Sie spielten nicht mit galanter Rei frivole Laster, spiele, sie trabten täglich frisch, fromm, fröhlich, frei mit ihren Säcken zur Mühle. Die Väter sind nicht tot im Grab, nur ihre Häute liegen die sterblichen Hüllen vom Himmel herab. Schauen sie auf uns mit Vergnügen verklärte Esel im Gloria Licht. Wir wollen euch immer gleichen und niemals von dem Pfad der Pflicht auch nur einen Fingerbreit weichen. O welche Wonne, ein Esel zu sein, ein Enkel von solchen Langohren!

Ich möchte es von allen Dächern schreien. Ich bin als ein Esel geboren. Der große Esel, der mich erzeugt. Er war von deutschem Stamme mit deutscher Esels Milch gesäugt hat mich die Mutter, die Mama, ich bin ein Esel und werde, getreu wie meine Väter, die Alten an der alten lieben Eselei am Eseltum erhalten. Und weil ich ein Esel, so rate ich euch, den Esel zum König zu wählen. Wir stiften den großen Esel reich, wo nur die Esel befehlen. Wir alle sind Esel. N a n a wir sind keine Pferde, Knechte! Fort mit den Rossen! Es lebe! Hurra! Der König von Esels Geschlechte! So sprach der Patriot im Saal. Die Esel Beifall rufen. Sie waren alle national und stampften mit ihren Hufen. Sie haben des Redners Haupt geschmückt mit einem Eichen Kranze. Er dankte stumm und hoch beglückt wedelt er mit dem Schwanze.

Je älter ich wurde und je schaler die kleinen Befriedigung mir schmeckten, die ich in meinem Leben fand, desto mehr wurde mir klar, wo ich die Quelle der Freuden und des Lebens suchen müsse. Ich erfuhr, dass geliebt werden nichts ist, liebt aber alles und mehr und mehr meinte ich zu sehen, dass das, was unser Dasein wertvoll und lustvoll macht, nichts anderes ist als unser Fühlen und Empfinden. Wo irgend ich etwas auf Erden sah, das man Glück nennen konnte. Da bestand es aus Empfindungen. Geld war nichts. Macht war nichts. Man sah viele, die beides hatten und elend waren. Schönheit war nichts. Man sah schöne Männer und Weiber, die bei aller Schönheit elend waren. Auch die Gesundheit wog nicht schwer. Jeder war so gesund, als er sich fühlte. Mancher Kranke blühte bis kurz vor dem Ende vor Lebenslust, und mancher Gesunde schwelgte angstvoll in Furcht vor Leiden hin. Glück aber war überall da, wo ein Mensch starke Gefühle hatte und ihnen lebte, sie nicht vertrieb und vergewaltigte, sondern pflegte und genoss. Schönheit beglückte nicht den, der sie besaß, sondern den, der sie lieben und anbeten konnte. Es gab vielerlei Gefühle, scheinbar, aber im Grunde waren sie eins. Man kann alles Gefühl Willen nennen oder wie immer. Ich nenne es Liebe. Glück ist Liebe, nichts anderes. Wer lieben kann, ist glücklich. Jede Bewegung unserer Seele, in der sie sich selber empfindet und ihr Leben spürt, ist Liebe.

Glücklich ist also der, der viel zu lieben vermag. Lieben aber und begehren ist nicht ganz dasselbe. Liebe ist weise gewordene Begierde. Liebe will nicht haben. Sie will nur lieben. Darum war auch der Philosoph glücklich, der seine Liebe zur Welt in einem Netz von Gedanken wiegte, der immer und immer neu die Welt mit seinem Liebes Netz umspannen. Aber ich war kein Philosoph. Auf den Wegen der Moral und Tugend aber war für mich auch kein Glück zu holen, da ich wusste glücklich machen kann nur die Tugend, die ich in mir selbst empfinde, in mir selbst erfinde und hege. Wie konnte ich da irgendeine fremde Tugend mir aneignen wollen? Aber das sah ich, das Gebot der Liebe. Einerlei ob es von Jesus oder von Goethe gelehrt wurde, dies Gebot wurde von der Welt völlig missverstanden. Es war überhaupt kein Gebot. Es gibt überhaupt keine Gebote. Gebote sind Wahrheiten, wie der Erkennende sie dem nicht Erkennenden mitteilt, wie der nicht Erkennende sie auffasst und empfindet. Gebote sind irrtümlich auf gefasste Wahrheiten. Der Grund aller Weisheit ist. Glück kommt nur durch Liebe. Sage ich nun Liebe deinen Nächsten, so ist das schon eine verfälschte Lehre. Es wäre vielleicht viel richtiger zu sagen Liebe dich selbst, so wie deinen Nächsten. Und es war vielleicht der ur Fehler, dass man immer beim nächsten anfangen wollte. Jedenfalls das Innerste in uns begehrt Glück, begehrt einen wohltuenden Zusammenklang mit dem, was außer uns ist.

Dieser Klang wird gestört, sobald unser Verhältnis zu irgendeinem Ding ein anderes ist als Liebe. Es gibt keine Pflicht des Liebens. Es gibt nur eine Pflicht des Glücklich Seins. Dazu allein sind wir auf der Welt, und mit aller Pflicht und aller Moral und allen Geboten macht man einander selten glücklich. Weil man sich selbst damit nicht glücklich macht. Wenn der Mensch gut sein kann, so kann er es nur, wenn er glücklich ist, wenn er Harmonie in sich hat. Also wenn er liebt. Dies war die Lehre, die einzige Lehre in der Welt. Wie sagte Jesus dies sagte Buddha, die sagte Hegel jeder in seiner Theologie für jeden ist das einzig Wichtige auf der Welt sein eigenes Innerstes, seine Seele, seine Liebesfähigkeit. Ist die in Ordnung? So mag man Hirse oder Kuchen essen, Lumpen oder Juwelen tragen. Dann klang die Welt mit der Seele rein. Zusammen war gut, war in Ordnung. Nichts vermag der Mensch so zu lieben wie sich selbst. Nichts vermag der Mensch so zu fürchten wie sich selbst. So entstand zugleich mit den anderen Mythologien, Geboten und Religionen des primitiven Menschen auch jenes seltsame Übertragung und Schein System, nach welchem die Liebe des Einzelnen zu sich selber, auf welcher das Leben ruht. Dem Menschen für verboten galt und verheimlicht, verborgen, maskiert werden musste. Einen anderen zu lieben galt für besser, sittlicher, für edler als sich selbst zu lieben. Und da die

Eigenliebe nun doch einmal der Urtrieb war und die Nächstenliebe neben ihr niemals recht gedeihen konnte, erfand man sich eine maskierte, erhöhte, stilisierte Selbstliebe in Form einer Art von Nächstenliebe auf Gegenseitigkeit. So wurde die Familie, der Stamm, das Dorf, die Religionsgemeinschaft, das Volk, die Nation zum Heiligtum. Der Mensch, der sich selber zuliebe nicht die kleinsten Sitten gebot übertreten darf für die Gemeinschaft, für Volk und Vaterland darf er alles tun. Auch das Furchtbarste und jeder sonst verpönte Trieb wird hier Pflicht und Heldentum. So weit war die Menschheit bis jetzt. Vielleicht würden auch die Götzenbilder der Nation mit der Zeit noch fallen und in der neu entdeckten Liebe zur ganzen Menschheit käme vielleicht die alte Ur Lehre wieder neu zum Durchbruch. Solche Erkenntnisse kommen langsam. Man wendet sich zu ihnen in Spiralen hinan und wenn sie da sind, so ist es, als habe man sie im Sprung im Nu erreicht. Aber Erkenntnisse sind noch nicht leben. Sie sind der Weg dazu und mancher bleibt ewig auf dem Weg. Böse Zeit. Nun sind wir still und singen keine Lieder mehr. Der Schritt wird schwer. Das ist die Nacht, die kommen will. Gib mir die Hand! Vielleicht ist unser Weg noch weit. Schneid. Es schneit. Hart ist der Winter im fremden Land. Wo ist die Zeit, da uns ein Licht? Ein Herd gebrannt. Gib mir die Hand! Vielleicht ist unser Weg noch weit.

In Sand geschrieben. Dass das Schöne und Bedrückende nur ein Hauch und Schauer sei. Dass das Köstliche, Entzückende, Holde ohne Dauer sei. Wolke, Blume, Seifenblasen, Feuerwerk und Kinderlachen. Frauen, Blick im Spiegel, Glase und viele andere wunderbare Sachen. Dass sie kaum entdeckt, vergehen nur von Augenblickes Dauer. Nur ein Duft und Winde wehen. Ach, wir wissen es mit Trauer. Und das Dauerhafte Starre ist uns nicht so innig teuer Edelstein mit kühlem Feuer, glänzend schwere Goldes spare selbst die Sterne nicht zu zählen, bleiben fern und fremd. Sie gleichen uns Vergänglichen nicht, reichen nicht das Innerste der Seelen. Nein, es scheint das einzig Schöne, Liebenswerte, dem Verderben zugeneigt, stets nah am Sterben. Und das Köstlichste, die Töne der Musik, die im Entstehen schon in Teilen schon vergehen, sind nur Wehen, Strömen, Jagen und umweht von leiser Trauer, den auch nicht auf Herzschlags Dauer lassen sie sich halten. Bannen Ton und Ton, kaum angeschlagen, schwindet schon und rinnt von Hand. So ist unser Herz dem Flüchtigen, ist dem Fließenden im Leben treu und brüderlich ergeben, nicht dem festen Dauer Tüchtigen, bald ermüdet uns das Bleibende. Fels und Stern, Welt und Juwelen, uns in ewigem Wandel treibende Wind und Seifenblasen scheelen Zeit vermählt Dauer lose denen Tau am Blatt de Rose, denen eines Vogels werden eines Wolken Spiele sterben Schnee, Geflimmer, Regenbogen Falter schon hinweg geflogen, denen eines Lachens läuten, das uns im Vorübergehen kaum gestreift, ein Fest bedeuten oder wehtun kann. Wir lieben, was uns gleich ist. Und verstehen, was der Wind in Sand geschrieben.

Manchmal, manchmal, wenn ein Vogel ruft oder ein Wind geht in den Zweigen oder ein Hund bellt im fernsten Gehöft. Dann muss ich lange lauschen und schweigen. Meine Seele flieht zurück, bis wo vor tausend vergessenen Jahren der Vogel und der wehende Wind mir ähnlich und meine Brüder waren. Meine Seele wird Baum und ein Tier und ein Wolken weben. Verwandelt und fremd kehrt sie zurück und fragt mich Wie soll ich Antwort geben?

An das Publikum. Oh! Hoch verehrtes Publikum! Sag mal, bist du wirklich so dumm, wie uns dass an allen Tagen alle Unternehmer sagen? Jeder Direktor mit dickem Popo spricht das Publikum will es so. Jeder Film Fritze sagt Was soll ich machen? Das Publikum wünscht diese zurückkriegen Sachen. Jeder Verleger zuckt die Achseln und spricht Gute Bücher gehen eben nicht. Sag mal, verehrtes Publikum, bist du wirklich so dumm? Zu dumm, dass in Zeitungen früh und spät immer weniger zu lesen steht. Aus lauter Furcht, du könntest verletzt sein, aus lauter Angst. Es soll niemand verletzt sein, aus lauter Besorgnis, Müller und Cohen könnten mit Abstellung drohen, aus Bangigkeit, es käme am Ende einer der zahllosen Kreisverbände, Verbände und protestierte und denunziert und demonstrierte und prozessierte. Sag mal, verehrtes Publikum! Bist du wirklich so dumm? Ja dann. Es lastet auf dieser Zeit der Fluch der Mittelmäßigkeit. Hast du so einen schwachen Mann? Kannst du keine Wahrheit vertragen? Ist also nur ein Grießbrei Fresser. Ja dann. Er Dann verdienst du es nicht besser. Autarkie im Juni hat noch keiner gewusst, was Autarkie bedeutet. Heut hebt sich jede deutsche Brust, wenn das Schlagwort herunter lautet Autarkie. Wir schließen einfach die Grenzen zu, dann hat die liebe Seele Ruh. Apfelsinen, jo und Kleene, die machen wir uns alleene. Kohl Rüben wachsen bei uns zuhauf. Für uns ist nichts zu schade. Wir rauchen still unser Sofa auf mit Maikäfer, Marmelade, Autarkie, Autarkie. Wir schuften für Zins und Zinseszins und wir bleiben eine kleine Provinz. Paris ist ja so gemein, wir machen uns alles alleene. Dann halten wir fest, dass Proleten Pack beherrscht von Bürokraten, von Banken und Knüppel aus dem Sack, von Polizei und Soldaten, der Adler auf dem Mist Autarkie. Ändert sich das Wetter oder es bleibt wie es ist. Autarkie für Pleite, Not und Kirchhofs Ruh. Brauchen wir etwa das Ausland? Dazu diese Wirtschaftskapitäne. Die machen det janz alleene.

Blick in ferne Zukunft. Und wenn alles vorüber ist, wenn sich das alles totgelaufen hat, der Horden Wahnsinn, die Wonne, in Massen aufzutreten, in Massen zu brüllen und in Gruppen Fahnen zu schwenken. Wenn diese Zeit Krankheit vergangen ist, die die niedrigen Eigenschaften des Menschen zu guten um lügt, wenn die Leute zwar nicht klüger, aber müde geworden sind, wenn alle Kämpfe um den Faschismus ausgekämpft, und wenn die letzten freiheitlichen Emigranten dahin geschieden sind. Dann wird es eines Tages wieder sehr modern werden, liberal zu sein. Dann wird einer kommen, der wird eine geradezu donnernde Entdeckung machen, er wird den Einzelmenschen entdecken, er wird sagen Es gibt einen Organismus, Mensch geheißen, und auf den kommt es an. Und ob der glücklich ist, das ist die Frage, dass der frei ist. Das ist das Ziel. Gruppen sind etwas Sekundäres. Der Staat ist etwas

Sekundäres. Es kommt nicht darauf an, dass der Staat lebe. Es kommt darauf an, dass der Mensch lebe. Dieser Mann, der so spricht, wird eine große Wirkung hervorrufen. Die Leute werden seiner These zujubeln und werden sagen Das ist ja ganz neu. Welch ein Mut! Das haben wir noch nie gehört. Eine neue Epoche der Menschheit bricht an. Welch ein Genie haben wir unter uns auf. Auf die neue Lehre. Und seine Bücher werden gekauft werden oder vielmehr die seiner Schreiber. Denn der erste ist ja immer der Dumme. Und dann wird sich das auswirken und hunderttausend schwarzer, brauner und roter Hemden werden in die Ecke fliegen und auf den Misthaufen, und die Leute werden wieder Mut zu sich selber bekommen, ohne Mehrheitsbeschlüsse und ohne Angst vor dem Staat, vor dem sie gekuscht hatten wie geprügelte Hunde. Und das wir dann so gehen bis eines Tages. Blick in ferne Zukunft.

Und wenn alles vorüber ist, wenn sich das alles totgelaufen hat, der Horden Wahnsinn, die Wonne, in Massen aufzutreten, in Massen zu brüllen und in Gruppen Fahnen zu schwenken. Wenn diese Zeit Krankheit vergangen ist, die die niedrigen Eigenschaften des Menschen zu guten um lügt, wenn die Leute zwar nicht klüger, aber müde geworden sind, wenn alle Kämpfe um den Faschismus ausgekämpft, und wenn die letzten freiheitlichen Emigranten dahin geschieden sind. Dann wird es eines Tages wieder sehr modern werden, liberal zu sein.

Dann wird einer kommen, der wird eine geradezu donnernde Entdeckung machen, er wird den Einzelmenschen entdecken, er wird sagen Es gibt einen Organismus, Mensch geheißen, und auf den kommt es an. Und ob der glücklich ist, das ist die Frage, dass der frei ist. Das ist das Ziel. Gruppen sind etwas Sekundäres. Der Staat ist etwas Sekundäres. Es kommt nicht darauf an, dass der Staat lebe. Es kommt darauf an, dass der Mensch lebe. Dieser Mann, der so spricht, wird eine große Wirkung hervorrufen. Die Leute werden seiner These zujubeln und werden sagen Das ist ja ganz neu. Welch ein Mut! Das haben wir noch nie gehört. Eine neue Epoche der Menschheit bricht an. Welch ein Genie haben wir unter uns auf. Auf die neue Lehre. Und seine Bücher werden gekauft werden oder vielmehr die seiner nachschreiben. Denn der erste ist ja immer der Dumme. Und dann wird sich das auswirken und hunderttausend schwarzer, brauner und roter Hemden werden in die Ecke fliegen und auf den Misthaufen, und die Leute werden wieder Mut zu sich selber bekommen, ohne Mehrheitsbeschlüsse und ohne Angst vor dem Staat, vor dem sie gekuscht hatten wie geprügelte Hunde. Und das wir dann so gehen bis eines Tages. Blick in ferne Zukunft.

Und wenn alles vorüber ist, wenn sich das alles totgelaufen hat, der Horden Wahnsinn, die Wonne, in Massen aufzutreten, in Massen zu brüllen und in Gruppen Fahnen zu schwenken.

Wenn diese Zeit Krankheit vergangen ist, die die niedrigen Eigenschaften des Menschen zu guten um lügt, wenn die Leute zwar nicht klüger, aber müde geworden sind, wenn alle Kämpfe um den Faschismus ausgekämpft, und wenn die letzten freiheitlichen Emigranten dahin geschieden sind. Dann wird es eines Tages wieder sehr modern werden, liberal zu sein. Dann wird einer kommen, der wird eine geradezu donnernde Entdeckung machen, er wird den Einzelmenschen entdecken, er wird sagen Es gibt einen Organismus, Mensch geheißen, und auf den kommt es an. Und ob der glücklich ist, das ist die Frage, dass der frei ist. Das ist das Ziel. Gruppen sind etwas Sekundäres. Der Staat ist etwas Sekundäres. Es kommt nicht darauf an, dass der Staat lebe. Es kommt darauf an, dass der Mensch lebe. Dieser Mann, der so spricht, wird eine große Wirkung hervorrufen. Die Leute werden seiner These zujubeln und werden sagen Das ist ja ganz neu. Welch ein Mut! Das haben wir noch nie gehört. Eine neue Epoche der Menschheit bricht an. Welch ein Genie haben wir unter uns auf. Auf die neue Lehre. Und seine Bücher werden gekauft werden oder vielmehr die seiner Schreiber, denn der erste ist ja immer der Dumme. Und dann wird sich das auswirken und hunderttausend schwarzer, brauner und roter Hemden werden in die Ecke fliegen und auf den Misthaufen, und die Leute werden wieder Mut zu sich selber bekommen, ohne Mehrheitsbeschlüsse und ohne Angst vor dem Staat, vor dem sie gekuscht hatten wie geprügelte Hunde. Und das wir dann so gehen bis eines Tages.

Das Dritte Reich. Es braucht ein hohes Ideal, der nationale Mann, daran er morgens allemal ein wenig toben kann. Da hat denn deutsche Manneskraft in segensreichen Stunden als neueste Errungenschaft ein Ideal erfunden. Es soll nicht sein das erste Reich. Es soll nicht sein. Das Zweite Reich, das Dritte Reich. Bitte sehr, bitte gleich. Wir dürfen nicht mehr massig sein. Wir müssen durchaus rassisch sein und frei. Deutsch, jung, deutsch, Heimat, wolkig und bündig, völkisch, völkisch, völkisch. Und überhaupt wer's glaubt, wird selig. Wer es nicht glaubt, ist ein ganz verkommener Batz und Bolschewisten. Das Dritte Reich. Bitte sehr, bitte gleich im Dritten Reich ist alles eitles Glück. Wir holen unsere Brüder uns zurück, die Sudetendeutschen und die Saht Deutschen und die Deutschen und die Dänen, Deutschen, trotz dieser Welt. Wir pfeifen auf den Frieden. Wir brauchen Krieg, sonst sind wir nichts hienieden. Im Dritten Reich haben wir gewonnenes Spiel. Da sind wir unter uns und unter uns. Da ist nicht viel, da herrschen Debakel und der Säbel und der Stock, da glänzt der Orden an den bunten Rock, da wird das Rad der Zeit zurückgedreht. Wir rufen Vaterland, wenn's gar nicht weitergeht, da sind wir alle reich und gleich im Dritten Reich und Wendisch und Kaschuben. Reine Arier. Ja richtig. Und die Proletarier, für die sind wir die originalen Befreier. Die danken Gott und jeder Morgen Feier und bergen gleich. Sie sind genau so arme Luder wie vorher. Genau solch schuften dicke und graue, eher genau so arme Schelme ohne Halm und Haber. Aber im Dritten Reich und das sind wir. Ein Blick in die Statistik wir fabrizieren viel, am meisten nationale Mist. Dick.

Ja, das möchte eine Villa im Grünen mit großer Terrasse, vorn die Ostsee, hinten die Friedrichstraße mit schöner Aussicht, ländlich, mondän vom Badezimmer ist die Zugspitze zu sehen. Aber abends zum Kino hast du es nicht weit. Das Ganze schlichtet voller Bescheidenheit. Neun Zimmer? Nein, doch lieber zehn.

Ein Dachgarten, wo die Eichen draufstehen. Radio, Zentralheizung, Vakuum. Eine Dienerschaft, gut gezogen und stumm. Eine süße Frau voller Rasse und Verve und eine fürs Wochenende zur Reserve. Eine Bibliothek und drum herum Einsamkeit und Hummel. Gesungen im Stall zwei Ponys, vier Vollblut Hengste, acht Autos, Motorrad. Alles längste natürlich selber.

Das wäre ja gelacht. Und zwischendurch gehst du auf Hoch Wild Yacht. Ja, und das habe ich ganz vergessen.

Prima Küche, erstes Essen, alte Weinhaus aus schönem Pokal und egal welch bleibst du dünn wie ein Aal und Geld und ein Schmuck, eine richtige Portion und noch eine Million und noch eine Million und Reisen und fröhliche Lebens Buntheit und famose Kinder und ewige Gesundheit. Ja, das müsste aber wie das so ist hienieden. Manchmal scheint es so, als sei es beschieden, nur peu à peu das irdische Glück. Immer fehlt dir irgendein Stück. Hast du Geld, dann hast du nicht getan. Hast du die Frau, dann fehlen dir die Moneten. Hast du die Geisha, dann stört dich der Fächer. Bald fehlt uns der Wein, bald fehlt uns der Becher. Etwas ist immer. Tröste dich, jedes Glück hat einen kleinen Stich. Wir möchten so viel haben,

Sein und gelten. Dass einer alles hat? Das ist selten.

Der andere Mann. Du lernst ihn in einer Gesellschaft kennen. Er plaudert, er ist zu dir nett. Er kann dir alle Tennis Cracks nennen. Er sieht gut aus ohne Fett. Er tanzt ausgezeichnet. Du siehst ihn dir an. Dann tritt zu euch beiden dein Mann. Und du vergleichst sie in deinem Gemüte. Dein Mann kommt nicht gut dabei weg, wie er schon da steht. Du liebe Güte und hinten am Hals der Speck und du denkst bei dir so eigentlich der da wäre ein Mann für mich. Ach gnädige Frau, hör auf einen wahren und guten alten Papa, hältst du den neuen in ein, zwei Jahren ständest du ebenso dar. Dann kennst du seine Nuancen beim Kosen, dann kennst du ihn in Unterhosen, dann wird er satt in deinem Besitze, dann kennst du alle seine Witze, dann siehst du ihnen Freude und Zorn von oben und unten, von hinten und vorn.

Glaub mir, wenn man uns näher kennt, gibt sich das mit dem Happy End. Wir sind manchmal reizend auf einer Feier und den Rest des Tages, ganz wie Herr Meyer, beurteilt uns nie nach den besten Stunden. Und hast du einen Kerl gefunden, mit dem man einigermaßen auskommen kann? Dann bleibt bei dem eigenen Mann.

Der Graben.

Mutter. Wozu hast du deinen aufgezogen, hast dich zwanzig Jahr mit ihm gequält? Wozu ist er dir in deinen Arm geflogen und du hast ihm leise was erzählt? Bis sie ihn dir weggenommen haben für den Graben, Mutter für den Graben. Junge. Kannst du noch an Vater denken? Vater nahm dich oft auf seinen Arm und er wollte dir einen Groschen schenken, und er spielte mit dir Räuber und Gendarm, bis sie ihn dir weggenommen haben für den Graben, Junge, für den Graben. Drüben die französischen Genossen lagen dicht bei Englands Arbeitsmann. Alle haben sie ihr Blut vergossen und zerschossen, rüttelt man bei man alte Leute, Männer, mancher Knabe in dem einen großen Massengrab. Seid nicht stolz auf Orden und Klunker. Seid nicht stolz auf Narben und die Zeit in die Gräben schicken euch die Junker Staatswappen und der Fabrikanten neigt Ihr wart gut genug zum Fraß für Raben, für das Grab, Kameraden für den Graben. Werft die Fahnen fort! Die Militärkapelle spielen auf zu eurem Todestag. Seid ihr hin?

Ein Kranz von immer stellt, das ist dann der Dank des Vaterlands. Denkt an Zores, Röcheln und Gestöhne. Drüben stehen Väter, Mütter, Söhne, schuften schwer wie ihr ums bisschen Leben wollt ihr denn nicht die Hände geben? Reicht die Bruder Hand als schönste aller Gaben übern Graben Leute übern Graben.

Deutschland erwache! Dass sie ein Grab dir graben. Dass sie mit Fürsten Geld das Land verwildert haben, der Stadt um Stadt verfällt. Sie wollen den Bürgerkrieg entfachen. Das sollten die Kommunisten mal machen. Dass der Nazi dir einen toten Kranz flicht. Deutschland. Siehst du das nicht? Dass sie im Dunkeln nagen, dass sie im Hellen schreien, dass sie an allen Tagen Faschismus prophezeien für die Richter haben sie nichts als Lachen. Das hatten die Kommunisten mal machen. Es ist ein Nazi für die Ausbeuter ficht. Deutschland. Ist er das nicht? Dass sie in Waffen starren, dass sie landauf, landab ihre Agenten karren im nimmermüden Trab die Übungs Granaten krachen. Das sollten die Kommunisten mal machen. Dass der Nazi dein Todesurteil spricht. Deutschland. Fühlst du das nicht?

Eine Sprache ist aus den Betrieben, ein Chor von Millionen Arbeiter stimmen hervor. Wir wissen alles und sperren sie ein. Wir wissen alles.
Uns lässt man bestehen, wir werden aufgelöst und verboten. Wir zählen die Opfer, wir zählen die Toten. Kein Minister rührt sich, wenn Hitler

spricht für jene. Die Straße gegen uns, das Reichsgericht.

Wir sehen, wir hören, wir fühlen den kommenden Krach. Und wenn Deutschland schläft. Wir sind wach. Die Herren Eltern. Ist ein Schullehrer Pazifist und sagt wie es in Wahrheit im Kriege ist, dass Generale Kriegs Interessenten sind, ganz gleich wer verliert, ganz gleich wer gewinnt. Dann sollte man meinen, freuen sich die Eltern für ihr Kind. Jawohl! Dann erhebt sich ein ungeheures Altern Geschrei. Raus mit dem Kerl! Das ist Giftmischer Narayen. Unser Junge soll lernen, wie schön die Kriege sind. Wie?

Wir warten schon drauf, wann wieder ein neuer beginnt. Und dazu liefern wir gratis und franko ein Kind. Jawohl! Die Eltern Begeisterung ist ganz enorm. Die Mütter aus Liebe zur Uniform, die Väter, die Lieferanten für den Schützengraben denken.

Warum sollen denn diese Gnaden es besser als unsereiner haben, nicht wahr?

Die Fabrikation eines Kindes ist nicht sehr teuer, aber erhöhe mal ein bisschen die Umsatzsteuer, dann kreischen die Herren Eltern, dass da Ziegel vom Dach fällt.
Man trennt sich leicht vom Kind, aber schwer vom Geld. Bekommt das Kind einen Bauchschuss? Das macht ihnen keine Schmerzen, doch ihr Geld.

Das lieben die Herren Eltern von Herzen. Jawohl! Mitleid mit den Opfern, die da fallen für Petroleum, für Fahnen, für Gold. Die Herren Eltern haben es so gewollt. Die Lösung. Wenn was nicht klappt, wenn was nicht klappt, dann wird vor allem mal nicht berappt.

Wir setzen frisch und munter die Löhne, die Löhne runter, immer runter. Wir haben bis über die Ohren bei unseren Geschäften verloren.

Unser Geld ist in allen Welten, Kapital und Zinsen nur Zubehör. So lassen wir denn unser großes Malheur nur eine, nur einen gelten. Den, der sich nicht mehr wehren kann. Den Angestellten, den Arbeitsmarkt, den Hund, den Moskau verheizt. Dem nehmen wir nun den letzten Arbeiter. Blut muss man keltern. Wir sparen an den Gehältern immer runter. Unsere Inserate sind nur noch ein Hohn. Was braucht denn auch die deutsche Nation sich Hemden und Stiefel zu kaufen? Sollen sie doch barfuß laufen. Sie haben im Schädel nur ein Wort Export Exports. Es braucht ihr eigener Hausstand. Unsere Kunden wohnen im Ausland. Für euch gibt es keine Waren. Für euch heißt Sparen, spart, nicht wahr? Ein richtiger Kapitalist hat verdient, als es gut gegangen ist. Er hat einen guten Magen. Wir mussten das Risiko tragen. Wir geben das Risiko traurig und schlapp inzwischen in der Garderobe ab. Was macht man mit Arbeitermassen? Entlassen, entlassen, entlassen. Wir haben die

Lösung gefunden Krieg den eigenen Kunden, die, weil der deutsche Kapitalist Gemüt hat und Export Kaufmann ist. Wussten Sie das nicht schon früher? Gott segne die Wirtschaftsführer.

Die Mäuler auf. Heil, Gebrüll und völkischer Heilung, schnittig, zackig, forsch und Peng! Staffel Führer. Sturm. Abteilung. Blech. Kapellen. Schnelleres Ding. Juden. Fresser. Straßen. Meute. Kleine Leute. Kleine Leute. Arme Luder brüllen sich heiser, tausend Hände fuchteln wild.

Hitler als der selige Kaiser wie ein schlechtes Abziehbild. Jedes dicken Schlagwort Beute. Kleine Leute, kleine Leute. Tun sich mit dem deutschen Land dick. Grunzen wie das liebe Vieh. Aller billigsten Romantik. Hinten zahlt die Industrie. Hinten zahlt die Landwirtschaft. Toben sie auch fieberhaft? Sind doch schlechte deutsche Barden, bunte Unternehmer Garden bleiben gestern Morgen, heute. Kleine Leute. Kleine Leute.

Drei Minuten Gehör. Drei Minuten Gehör will ich von euch, die erarbeitet von euch hier den Hammer schwingt, von euch, die auf Krücken hinkt. Von euch hier die Feder fürs von euch hier die Kessel schürt. Von euch mit den treuen Händen dem Manne ihre Liebe spenden. Von euch, den Jungen und den Alten. Ihr sollt drei Minuten inne halten. Wir sind ja nicht unser Kriegsgewinnler. Wir wollen uns einmal erinnern, die erste Minute gehöre dem Mann. Wer trat vor Jahren im Feld an?

Zu Hause die Kinder. Zu Hause weint Mutter, ihr fällt graues Kanonenfutter. Wir sollten den lehmigen Acker graben. Das hat ihr keine. Fürstenau um das Dorf eine in der Etappe und geht mit den Daumen in die Klappe. Ihr wurdet geschliffen. Er wurde gedrillt.

Wart ihr noch Gottes Ebenbild in der Kaserne im Schilde aus? Wart ihr niedriger als die schmutzigste Laus? Der Offizier war eine Perle. Aber ihr wart nur Kerle, ein elender Sie's und Grüßen Apparat. Sie, Schweine und Verwundete, mochten sich krümmen und biegen.

Kam ein Prinz.

Dann hattet ihr stramm zu liegen, und noch im Massengrab wart ihr Schweine. Die Offiziere lagen alleine. Ihr ward des Todes billige Ware. So ging das vier lange, blutige Jahre, erinnert ihr euch? Die zweite Minute gehöre der Frau. Wem wurden zu Hause die Haare grau? Wer schreckte, wenn der Tag vorbei, in den Nächten auf mit einem Schrei? Wer ist es vier Jahre hindurch gewesen? Der Anstand an langen Polynesischen, in das Prinzessinnen und ihre Karten alles, alles, alles hatten? Wem schrieben sie einen kurzen Brief, dass wieder einer in Flandern schlief? Dazu ein Formular mit zwei Zetteln.

Wer musste hier um die Rente betteln? Trainer und Krämpfe und Wilde schreien. Er hatte Ruhe. Ihr wart allein. Oder sie schickten ihn, hinkend am

Knüppel, euch in die Arme zurück als Krüppel. So sah sie aus, die wunderbare, große Zeit.

Vier lange Jahre, erinnert ihr euch? Die dritte Minute gehört den Jungen. Euch haben sie nicht in die Jacken gezwungen. Ihr wart noch frei. Ihr seid heute frei. Sorgt dafür, dass es immer so sei. An euch hängt die Hoffnung, an euch das Vertrauen von Millionen deutschen Männern und Frauen.

Ihr sollt nicht stramm stehen. Ihr sollt nicht dienen. Ihr sollt frei sein, zeigte sie dann. Und wenn sie euch kommen, drohen mit Pistolen geht nicht. Sie sollen euch erst mal holen. Keine Wehrpflicht, keine Soldaten, keine Monokel Potentaten, keine Ohren, keine Poliere, keine Reserveoffizier. Ihr seid die Zukunft. Euer.

Das Land schüttelt es ab, das Knechtschaft spannt. Wenn ihr nur wollt, so seid ihr alle frei. Euer Wille geschehe. Seid nicht mehr dabei, wenn ihr nur wollt. Bei euch steht der Sieg. Nie wieder Krieg.

Ideal. Und Wirklichkeit. In stiller Nacht und monogamen Betten denkst du dir aus, was dir am Leben fehlt die Nerven knistern, wenn wir das doch hätten, was uns, weil es nicht da ist, leise quält. Du reparierst der im Gedankengang, das was du willst und nachher kriegst du es nie. Man möchte immer eine große lange und dann bekommt man eine kleine dicke Salami. Sie muss sich wie in einem Kugellager in ihren Hüften wiegen, groß und blond. Ein Pfund zu wenig und sie wäre mager. Wer je in diesen Haaren sich gesund. Nachher Alices Du dem verfluchten Hange der Eile und der Fantasie. Man möchte immer eine große lange und dann bekommt man eine kleine dicke Sellerie. Man möchte eine helle Pfeife kaufen und kauft die dunkle. Andere sind nicht da. Man möchte jeden Morgen Dauer laufen und tut es nicht. Beinah. Beinahe. Wir dachten unter kaiserlichen Zwang an eine Republik. Und nun ist die. Man möchte immer eine große lange und dann bekommt man eine kleine dicke Sellerie. Ideal. Und Wirklichkeit. In stiller Nacht und monogamen Betten denkst du dir aus, was dir am Leben fehlt die Nerven knistern, wenn wir das doch hätten, was uns, weil es nicht da ist, leise quält.

Du präpariert dir im Gedankengang das, was du willst und nachher kriegst du es nie. Man möchte immer eine große lange und dann bekommt man eine kleine dicke Salami. Sie muss sich wie in einem Kugellager in ihren Hüften wiegen, groß und blond. Ein Pfund zu wenig und sie wäre mager. Wer je in diesen Haaren sich gesonnt. Nachher fliegst du dem verfluchten Hange der Eile und der Fantasie.

Man möchte immer eine große lange und dann bekommt man eine kleine dicke Sellerie. Man möchte eine helle Pfeife kaufen und kauft die dunkle. Andere sind nicht da. Man möchte jeden Morgen Dauer laufen und tut es nicht. Beinah.

Beinah. Wir dachten unserem kaiserlichen Zwange an eine Republik. Und nun ist die. Man möchte immer eine große lange und dann bekommt man eine kleine dicke Sellerie. Vor und nach den Wahlen. Also diesmal muss alles ganz anders werden, diesmal endgültiger Original Friede auf Erden, diesmal Aufbau, Abbau und Demokratie, diesmal die Herrschaft des arbeitenden Volkes wie noch nie diesmal. Und mit ernsten Gesichtern sagen Propheten prophetische Sachen. Was meinen Sie, werden die deutschen Wahlen im Ausland für Eindruck machen? Und sie verkünden aus Bärten und unter deutschen Brillen wegen nicht kieken Könnens den höchst wahrscheinlichen Volkswillen. Die Wahlen ergeben diesmal einen Ruck nach links. Sprechen wird aus der Urne die große Sphinx, so heißt. Diesmal werden sie nach den Wahlen den Reichstag betreten, diesmal werden sie zum heiligen Kompromiss beten. Diesmal erscheinen die ältesten Greise mit Podagra. Denn wenn die Wahlen vorbei sein werden, sind sie alle wieder da. Diesmal. Und mit ernsten Gesichtern werden sie unter langem Lamentieren wirklich einen Ruck nach links konstatieren. Damit es aber kein Unglück gibt in der himmlischen der Welten und damit sich die Richter nicht am Zug der Freiheit erkälten und überhaupt zur Rettung des deutsch katholisch industriellen Junker Geschlechts machen, nach den Wahlen aller Parteien einen Ruck nach rechts, so ist. Auf diese Weise geht in dem Deutschen Reichstags Haus alle Gewalt nebbich vom Volke aus.

Wenn ich so müde nach Hause komme, zerredet und zerrieben, dann sitzt du da so lieb und fromm. Man muss. Man muss dich lieben. Die Nacht gleich einem feste ist. Ich weiß, dass du die Beste bist. Und warum ist das nämlich? Du bist so himmlisch dämlich. Du hast es gut. Du ahnst es nicht, was Stalin jüngst gesprochen. Weißt nichts vom Leipziger Reichsgericht und nichts von Kunst Epochen. Du hältst deinen Puff für ein Hotel und Bronnen für einen lauteren Quell. Ich liebe dich, weil nämlich du so himmlisch dämlich, mein blondes Glück bist. Von Zeit zu Zeit tue ich ein bisschen fremdgehen. Die anderen Frauen sind so gescheit und lassen das noch im Hemd sehen. Dann kehre ich reuig zu dir zurück und genieße tief atmend das reine Glück. Dumm, lieb, zweimal nämlich. Du bist so himmlisch dämlich.

Was unternehme ich Silvester? Soll ich zu Kalman gehen? Die zünden ihren Tannenbaum an, drehen das Grammophon auf, das ihnen Stille Nacht, heilige Nacht verkratzt. Die Kinder lagern sich mit den Torsos ihrer Spielsachen auf den guten Teppich und Vater raucht die neue Pfeife an Mutter Kalman spricht mit mir über die Dienstboten Misere. Und ich sage Jawohl, gnädige Frau, gewiss, gnädige Frau. Denken Sie nur, gnädige Frau, dass andere, sagt sie, ich werde doch lieber nicht zu Aymans gehen. Soll ich zu meiner Freundin mit der schönen Seele und den dicken Beinen gehen? Sie wird feuchte große

Augen machen und mich mit Erinnerungen plagen. Sie wird feierlich gestimmt sein, was ihr gar nicht steht und wird hoch Zeremonie muss auch sie den Weihnachtsbaum entzünden und sagen Lieber Peter! Bruce, ich werde doch lieber nicht zu meiner schönen Seele gehen. Soll ich auf einen öffentlichen Ball gehen? Da werden sich 2000 Menschen in Räumen drängen, die nur für 200 berechnet sind. Kellner werden sich den Saccharin Sekt zu Valuta Preisen aus den Händen schlagen lassen und irgendwo im Wirbel und Rauch lärmt eine Kapelle. In der Mitte tun ein paar Leute so, als ob sie tanzten. Es sind alle da. Man zeigt sich die Herren aus der Wilhelmstraße Kino. Namen werden geflüstert und die Bühne hat ihre besten Vertreter. Auch die Wissenschaft. Nur die Kokotte benimmt sich anständig. Wer wird auch Silvester fachsimpeln, wenn man es das ganze Jahr tun muss? Die Luft wird stickig und verbraucht sein, die Scherze auch. Nein, ich werde doch lieber nicht auf einen öffentlichen Ball gehen.

Soll ich auf einen privaten Ball gehen? Oho, ich bin eingeladen. Die Zimmer werden ausgeräumt sein, die Lampen blau und lila umkleidet, es wird Sekt geben und kleine Brötchen. Am Klavier ein Mann und eine Geige. Es wird viel und hingebend getanzt, auf dem Teppich und auf den Sofas knutschen sich die Paare so, als ob es auf der ganzen weiten Welt kein Bett gäbe. Nur die festen Verhältnisse benehmen sich anständig. Man soll nichts zerreden. Die Tochter vom Haus wird alle Minen ihres goldenen Temperaments springen lassen. Sie findet es so furchtbar interessant, das alte Wort zu variieren. Immer davon sprechen, aber es nie tun. Die jungen Herren werden sich bei den jungen Damen alle Freiheiten erlauben, weil sie nichts kosten. Auch Hessen Nassau ist eine Provinz. Nein, ich werde doch lieber nicht auf einen privaten Ball gehen. Also was dann? Ich schlage vor, wir füllen die kleine blaue Blumenvase wie gewöhnlich mit roten Blumen und trinken einen stillen roten Wein. Vielleicht erwachst du nachts so gegen zwölf. Ich werde dir dann sagen Liebe, ich glaube, jetzt muss ich mir einen Zylinder aufsetzen und du schlägst ihn ein. Das ist so Sitte. Und darauf du, ich bin so müde. Gute Nacht! Und wenn du morgen früh aufwachst, ist es Wetten, dass? 1922. Und ich küsse dir das neue Jahr aus den Augen. Und da es ein alter Aberglaube ist, dass man das ganze Jahr hindurch tun wird, was man Silvester tut, so eröffnen sich für uns freundliche und wahrhaft erfrischende Perspektiven. Prosit Neujahr!

Da wo Charlotte Fabriken stehen, Motor gebombt. Da kannst du einen Friedhof sehen mit Mauern und. Jedweder hat hier seine Welt ein Feld. Und so ein Feld heißt irgendwie je oder je. Sie kamen hierher, aus den Betten, aus Kellern, Wagen und Trolle und manche aus der Charité nach Weißensee, nach Weißensee wird einer frisch dort eingepflanzt, nach frommem Brauch. Dann kommen viele angetanzt.

Das muss man noch.

Harmonium singt, Adagio fällt. Oh, das Auto wartet. Ganze drei. Fällt ein. Ein Geistlicher kann seins nicht lesen und was er für ein Herz gewesen, hört stolz im Sarge der Bankier in Weißensee. In Weißensee. Da wo ich oft gewesen bin zwecks Brauerei. Da kommst du hin. Da komme ich hin, wenn es mal vorbei. Du liebst, du reist, du freust dich, du. Feld und es wartet in Absenz ja Feld A. Es tickt die Uhr. Dein Grappa zeigt drei Meter lang, einen Meter breit. Du siehst noch drei, vier fremde Städte. Du siehst noch eine nackte Gräte, noch 20, 30-mal in Schnee. Und dann. Fällt P. In Weißensee, in Weißensee.

Er sah noch gerade elfmal den Schnee, als er das geschrieben hatte. Und schließlich war es nicht ein Grab in Weißensee, das ihn aufnahm. Unter dieser Steinplatte fand er seine letzte Ruhe auf dem kleinen Friedhof von Marie Fred am Südufer des Mehler Sees in Schweden.

In.

Und nicht weit davon Grips holen das alte Königsschloss des Gustav Wasa, Schauplatz einer seiner bekanntesten Erzählungen. Er hatte wie so vieles anderes Deutschland verlassen müssen, als die Bücher brannten. Wie so viele andere fand er nicht zurück und er hätte wohl auch nicht mehr zurück gewollt. Es tut mir in der Seele weh, was ich für Zeit und Kraft an diesen Kram da verschwendet habe. Das ist das Fazit. Das Ende sind ein paar Gramm Veronal zu Winteranfang 1935. Dr. Kurt Tucholsky, geboren am 9. Januar 1890 als Sohn eines wohlhabenden jüdischen Kaufmanns in Berlin. Kindheit in Stettin 1912 Erster literarischer Erfolg mit der Novelle Rheinsberg. Studium der Jurisprudenz, Promotion. Ab 1915 Soldat an der Ostfront. Nach Kriegsende Chefredakteur des Ulk, wichtigster Mitarbeiter der Weltbühne. 1924 als Korrespondent nach Paris, 1927 Herausgeber der Weltbühne, dann freier Journalist und Schriftsteller, ein Pyrenäen Buch mit fünf PS. Das Lächeln der Mona Lisa. Deutschland, Deutschland über alles. Schloss Cripps Holm, lerne lachen, ohne zu weinen. 1933 Ausweisung aus Deutschland. Wohnsitz in Schweden. Vergebliche Einbürgerung Versuche Krankheit. Freitod am 21. Dezember 1935. Animate. In der Berliner Zeitschrift Weltbühne in der Nr. zum 1. August 1918 erscheint ein Beitrag zum Jahrestag des Kriegsbeginns. Vier Jahre ist der Krieg nun alt. Diese vier Jahre haben die Welt verändert. Der Krieg ist das Schlüsselerlebnis einer ganzen Generation geworden. Rausch Steigerung des Lebensgefühls für die einen, unfassbarer Widersinn für die anderen.

Herr Krieg, du bist unsere Zuflucht für und für Ehe die Berge wurden und die Länder und die Welt geschaffen wurden, warst du Krieg von Ewigkeit zu Ewigkeit. Der du die anderen Menschen lässest sterben und sprichst hinweg Menschenkinder, denn vier Jahre sind vor dir wie der Tag, der gestern vergangen ist und wie eine Nachtwache. Du lässest sie da fahren wie einen Strom, und sie sind zum Glück wie ein Schlaf, gleichwie ein Gras, das doch bald welk wird. Das mache dein Zorn, dass sie so vergehen, und dein Grimm, dass sie sie sie so dahin müssen. Denn ihre Missetaten stellst du vor dich ihre Sünden ins Licht vor deinem Angesichte. Ihr Leben wäre zwanzig Jahre, und wenn's hoch kommt, so sind's 25 und wenn es köstlich gewesen ist, so ist es schnell dahin gefahren, als flögen sie davon. Wer glaubt noch nicht, dass du so sehr zurren ist und wer fürchtet sich noch nicht vor solchem deinem Grimm? Lehre sie bedenken, dass sie sterben müssen, auf dass wir klug werden. Zeige deinen Knechten deine Werke und deine Ehre ihren Kindern. Und der Krieg, unser Gott, sei uns freundlich und fördere das Werk unserer Hände. Ja, das Werk unserer Hände wolle er fördern.

Kurt Tucholsky sitzt damals als Kommissar der politischen Polizei bei der deutschen Besatzungsarmee in Rumänien. Er ist Soldat wie viele später berühmte Zeitgenossen Hasenclever, Trakl, Stadler, Toller, Werfel, Ossietzky. Er kommt zunächst als Schipper an die Ostfront, später in die Etappe nach Kurland, nach Rumänien. Tucholsky gehört zu den wenigen, die von Anfang an dagegen gewesen sind. Er kann nicht und will nicht verstehen. Wir laufen hier immer rum und fangen Streit an mit den Russen und den Flöhe schreibt er von der Front nach Hause.

Die euphorische Kriegsbegeisterung, die im August 1914 einen großen Teil der deutschen Nation erfasste, vor allem auch die gebildeten Schichten und die akademische Jugend, ist im Rückblick schwer zu begreifen. Diese Stimmung war damals nicht auf Deutschland beschränkt. Auch in England und Frankreich befand man sich noch im Zustand eines sozusagen naiven Imperialismus. Die letzten noch vergleichsweise harmlosen Kriege lagen 40 bis 50 Jahre zurück. Es fehlte weithin an einer realistischen Einschätzung des modernen Vernichtungskrieges, wie er dann Wirklichkeit werden sollte.

Aber in Deutschland war die Kriegsbegeisterung besonders ausgeprägt. Das lässt sich nicht nur zurückführen auf die Tradition des preußischen Militarismus, auf die Heroisierung des Krieges und der Wehrhaftigkeit in Bismarcks wilhelminischen Deutschland oder die besonders ungeduldige Vehemenz imperialen Weltmacht Strebens, in der in dem zu spät gekommenen deutschen nationalen Machtstaat es zumindest auf zwei weitere Ursachen ist hinzuweisen. Erstens die schon seit der Jahrhundertwende auf breiter Front in Gang gekommene Kritik an der Oberflächlichkeit des wilhelminischen Patriotismus und der Materialisierung und Verflachung der deutschen bürgerlichen Kultur. Zweitens das angewachsene Unbehagen an den scharfen kulturellen, politischen und vor allem sozialen Diskrepanzen und Spannungen in dieser deutschen Nation. Der

Ausbruch des Nationalen Volkskongresses, den man sich im August 1914 gegenüber sah, wurde nicht zuletzt deshalb als Heiliger Krieg mit gleichsam religiöser Inbrunst erlebt, weil man in ihm nach Jahrzehnten politisch nationaler Phraseologie und Verflachung die große, ernsthafte Herausforderung sah. Im Krieg erblickte man das Scheide Wasser, das alles Falsche hin wegspülen und für die Nation die große Stunde der Bewährung sein würde. Vom Krieg glaubte man, dass er die Gegensätze von Klassen, Ständen, Religionsgemeinschaften einschmelzen, eine Verinnerlichung des Nationalgefühls und sozusagen eine solidarische Volksgemeinschaft erzeugen würde. Diese absurde hypertrophe Vorstellung von der reinigenden Wirkung des Krieges war damals zwar flüchtig, sie verkam in den Materialschlachten des Weltkrieges, aber sie blieb im nationalen Gedächtnis haften, und sie wurde Anknüpfungspunkt für die fatale Pervertierung und Radikalisierung, die dann nach der deutschen Niederlage von 1918 vor allem durch den Nationalsozialismus bewirkt worden ist.

So.

Papa ist Oberförster, Mama ist Pinsel blond. Georg ist klasse Förster. Johann steht an der Front der Burschenschaft Teutonen. Kraft bezahlen tut er und was Wotan weihen wolle. Für Judith sind die Wälder, für Judith Jesus Christ. Wir singen über die Felder, wie das so üblich ist, in Reih und Glied. Das Deutschlandlied nachts funkelt durch

das Dunkel. Frau Freges Frost Wolke die Vorhaut,
die soll wachsen in Köln und Halberstadt. Wir
achten selbst in Sachsen, dass jeder eine hat. Ganz
judenrein muss Deutschland sein. Dafür haben
wir zu saufen. Als Loki Ludwig laufen wir uns
verlacht, der 40 uns bildet, früh und spät für 1940
die Universität. Wer waren unsere Ahnen?
Kaschube Germanen, die zeugten zur Erfrischung
uns Promenadenmischung. Darum drehten wir
zum Beten. Hier die nationale Rolle, was Wotan
wolle.

Mit dieser Satire sind wir schon mitten in der
Weimarer Republik und ihren weltanschaulichen
Fehden. Diese Republik war eigentlich ein
ungewolltes Kind, auch ihr leiblicher Vater, der
erste Reichspräsident Friedrich Ebert, hätte eine
konstitutionelle Monarchie bei weitem
vorgezogen. Als aber am 9. November 1918 die
Lage in der Reichshauptstadt Berlin bedrohlich
revolutionär aussah, setzte er nach einem
Telefongespräch mit dem kaiserlichen
Generalfeldmarschall Hindenburg das ungeliebte
Geschöpf schließlich in die Welt. Bei der Geburt
standen die Totengräber schon Pate, und Papa
Ebert und seine SPD bekamen von keiner Seite
Hilfe, auch nicht von jener, von der sie es
eigentlich hätten erwarten dürfen.

Sinnend geh ich durch den Garten, still gedeiht
er hinterm Haus. Suppen, Kräuter aller Arten
bauen Blumen, bunter Strauß, Petersilie und
Tomaten, eine Bonin Galerie. Ganz besonders ist

geraten der beliebte. Er rief. Die Ja und? Hier ein kleines Witzchen, da wächst in der Erde gleich. Das besser. Den Radieschen außen rot und ihnen weiß sinnend ich durch den Garten unserer deutschen Politik suppen Kohl in allen Arten im Kompost der Republik Bronzen Brillen, gepiercte Parlaments Routinen 3. Ja, und hier die ganz verbürgte liebe gute TSP, die Hermann Müller Hill verließen, blühen so harmloser, doofer und leiser Bibel. Scheidende Radieschen außen rot und hey Preis.

Doch nicht nur über die SPD macht Tucholsky sich lustig. Aus dem Krieg zurückgekehrt, macht er sich mit einem wahren Feuereifer Feinde. Er greift alle an und alles. Die Offiziere, die Richter, die Beamten, die Hohenzollern, die Studenten, die Katholiken, die Völkischen, die Vereinsmitglieder, die Sprache verhunzt die Berliner, die Amerikaner, ja sogar die Hunde. Niemand ist vor ihm sicher. Es sei denn die Kommunisten. Zerstört wird Deutschland dann allerdings von einer Seite, für die Tucholsky sich verhältnismäßig wenig interessiert.

Auf den fünf tausend sieben hundert ein und neunzig Druckseiten, die er hinterlassen hat, finden sich nur wenige und relativ harmlose Angriffe gegen die Nationalsozialisten. Wollte er sie ignorieren oder hat er sie ganz einfach unterschätzt?

Wenn ihn das abends letztem Scheine, die eine lächelnde Gestalt am Rasen sitz, im Eigenheim eine mit Wink und Gruß vorüber wallt, das ist des Freundes treuer Geist, der freut und Frieden, der verheißt. Wenn beides Vollmonds Dämmerlicht, das Zagen durch die Zweige sieht, durch dunkeln Hain von Tanne und Fichte ein fauliges Büchlein zieht, das ist, was da so grauslich riecht. Herr Goebbels der Frau über.

Wo?

Wenn bei dem Silber Glanz der Sterne eine schwarze Nacht hernieder weint, gleich EOS Harfen aus der Ferne. Wenn dir dann gar kein Geist erscheint. Dies Phänomen. Damit du es weißt.

Das ist Herrn Adolf Hitlers Geist.

Arbeitsreiche und publizistisch ergiebige Jahre liegen hinter Tucholsky, als er im Frühjahr 1924 als Korrespondent der Weltbühne und der Vossischen Zeitung nach Paris geht. Er ist 34 Jahre alt Und hat von der Welt noch nicht allzu viel gesehen. Und nun Paris? Fragt. Die Begegnung mit dem Erbfeind.

Die Antithese. In Deutschland hat ihm so vieles missfallen und hier.

Weißt du, was einer tut, wenn er 14 Jahre

Auf etwas wartet und. Dann kriegt er es plötzlich. Er weint.

Schämt sich. Hat aber richtig auf der Straße geheult. Weil es das alles gibt. Weil es auf einmal wieder einen Sinn Hat, auf der Welt zu sein.

Ich bin umher gegangen wie verzaubert. Es scheint, Dass der Rufer in der Wüste seine Oase gefunden hat.

Hier ist es hübsch. Hier kann ich ruhig träumen. Hier bin ich Mensch und nicht nur Zivilist. Hier darf ich links gehen. Unter grünen Bäumen sagt keine Tafel, was verboten ist. Ein dicker Kulla Ball liegt auf dem Rasen. Ein Vogel zupft an einem hellen Blatt. Ein kleiner Junge gräbt sich in die Nasen und freut sich, wenn er was gefunden hat. Es prüfen vier Amerikanerinnen, ob Cook auch Recht hat und hier Bäume stehen. Paris von außen und Paris von innen. Sie sehen nichts und müssen alles sehen. Die Kinder lärmen auf den bunten Steinen, die Sonne scheint und glitzert auf ein Haus. Ich sitze still und lasse mich bescheiden und rufe von meinem Vaterlande aus.

Tucholsky und Paris, das war im Grunde eine große Liebesgeschichte. Die Texte, die Tucholsky über Frankreich und insbesondere über Paris schrieb, sind ja eigentlich eine Hymne an eine Geliebte, und der Liebhaber Tucholsky übersieht dabei großzügig die negativen Seiten dieser Stadt, das Unangenehme und hüllt sie in einen

Glorienschein, die sie als Paradies erscheinen lässt. Diese Francophile hat dann noch auf die Spitze getrieben am Ende seines Pyrenäen Buchs, wo er ja global eine Liebeserklärung an Frankreich abgab. Hinzu kommt, dass er in zweiter Ehe Mary Gerold in Paris geheiratet hat und vielleicht auch deswegen diese Stadt durch eine rosa Brille sah.

Tatsächlich scheint diese Schilderung etwas optimistisch zu sein. Man kann daran zweifeln, ob die Pariser so glücklich in der Metro um sechs Uhr abends herumlaufen und ob jeder Fahrgast im Bus mit Kirschen beschenkt wird, wie es Tucholsky sagt. Doch erstens hat Tucholsky in Frankreich nicht so lange gelebt, und andererseits spielt vielleicht eine gewisse Dankbarkeit eine Rolle. Denn Deutsche und Franzosen wissen ja wenig voneinander. Und wenn sie einander entgegenkommen, dann mit einer gewissen Verwunderung und vielleicht manchmal Bewunderung. So denkt man zum Beispiel an einen anderen großen deutschen Schriftsteller, der viel länger in Frankreich gelebt hat Heinrich Heine. Beide haben diese kritische Seiten, glaube ich, ganz gut gesehen. Nur haben sie sich nicht so negativ darüber geäußert. Und das kommt vielleicht eben aus diesem Gefühl der Dankbarkeit. Ja. Nur wurde Heinrich Heine als Schriftsteller bekannt in Frankreich, während der Name Tucholsky den Franzosen heute viel weniger geläufig ist.

Dank, dass ich in dir leben darf, Frankreich, du bist nicht meine Heimat und ich bin kein alter Franzose, der auf einmal kein Deutsch versteht. Und doch bin ich bei dir zu Hause. Die. Du warst gastlich vom ersten Tag an. Was niemals den Fremden verspottet, wenn er Vokabeln, Bräuche, Stadtviertel verwechsle. Was ich nie gespreizt.

Du hast dich nie versagt. Wer dich zu suchen.

Kann ich finden. Ich kann nicht zu allem, was hier geschieht, ja sagen, auch du hast deine Justiz, deine Verwaltung, deine Eisenhüttenstädter und deine Arbeiter, das ist deine Sache. Darüber schwieg ich stets. Und ich bekam es von zu Hause nicht schlecht zu hören Franzosen, Liebling, französ. Häusling Land, fremdes Element und von anderen bekam ich nicht schlecht zu hören. Er lobt nicht alles, was in Paris geschieht, versteht nichts von dieser himmlischen Stadt. Nein, ich lobte nicht alles in dieser himmlischen Stadt. Aber heute, wo ich auf der Brücke stehe und ins strahlende Wasser sehe, heute, wo ich da bin und diese feine graue Luft einatmen darf, das Brausen der Stadt höre, die Laute, die ich kenne und zutiefst fühle. Heute lass mich dir danken. Ja, du hast das größte Glück gegeben, dass eine Umgebung verleihen kann. Lieben kann man überall, Geld gewinnen kann man überall. Aber um nichts Glücklich sein, weil man diese Luft einatmet. Das kann man nur bei dir. Deine Vergnügungen sind es nicht und deine Frauen sind es nicht. Deine Kunstwerke sind es, nichts ist es.

Und alles zusammen. Du bist.

Manchmal habe ich fast vergessen, wie gut ich es hatte.

Es begann selbstverständlich. Ich fing an, undankbar zu werden. Ich will das wiedergutmachen. Du hast gegeben und. Geliehen. Und verschenkt. Ich war so ab. Ich bin so reich.

Und nun gibt es keine Vorbehalte mehr, keine Kritik und keine Betrachtungsweise. Da stehe ich auf der Brücke und bin mitten in Paris.

In unser aller Heimat. Da fließt das Wasser. Da liegst du.

Doch die glücklichen Pariser Jahre bleiben Episode. Anfang Dezember 1926 stirbt Siegfried Jacobsohn, Gründer und Herausgeber der Weltbühne, Tucholskys Arbeitgeber, Freund und Mentor. Noch am selben Abend sitzt Tucholsky mit seiner Frau im Schnellzug Paris, Berlin, und er weiß, was ihm bevorsteht. Er wird Siegfried Jacobsohn Nachfolge übernehmen müssen. Schweren Herzens. Denn zum einen fühlt er sich der Aufgabe nicht gewachsen. Er hat wohl Talent zum Schreiben, aber nicht zum Redigieren, Dirigieren und Verwalten. Und zum anderen muss er fort von Paris umziehen nach Berlin, in das staubige Berlin, das wohl seine Geburtsstadt, nie aber seine Heimat war.

Berlin Berlin. Über dieser Stadt ist kein Himmel, ob überhaupt die Sonne scheint, ist fraglich. Man sieht sie jedenfalls nur, wenn sie einen blendet, wenn man über den Damm geht. Über das Wetter wird zwar geschimpft, aber es ist kein Wetter in Berlin. Der Berliner hat keine Zeit. Er hat immer etwas vor. Er telefoniert und verabredet sich, kommt abgehetzt zu einer Verabredung und etwas zu spät und hat sehr viel zu tun. In dieser Stadt wird nicht gearbeitet, hier wird geschuftet. Der Berliner ist nicht fleißig, er ist immer aufgezogen. Er hat leider ganz vergessen, wozu wir eigentlich auf der Welt sind.

Der Berliner kann sich nicht unterhalten.

Manchmal sieht man zwei Leute miteinander sprechen, aber sie unterhalten sich nicht, sondern sie sprechen nur ihre Monologe gegeneinander. Die Berliner können auch nicht zuhören. Sie warten nur ganz gespannt, bis der andere. Gehört hat zu reden und dann hacken sie auf diese Weise werden viele Berliner Konversationen geführt. Die Berlinerin ist sachlich und klar auch in der Liebe. Geheimnisse hat sie nicht. Der Berliner hat vom Leben nicht viel, es sei denn, er verdiente Geld. Geselligkeit pflegt er nicht, weil das zu viele Umstände macht. Er kommt mit seinen Bekannten zusammen, beklatscht sich ein bisschen und wird um zehn Uhr schläfrig. Die Berliner sind einander spinne fremd. Wenn sie sich nicht irgendwo vorgestellt sind, knurren sie sich in der Straße und in den Bahnen an, denn sie haben miteinander nicht viel Gemeinsames. Sie wollen voneinander nichts wissen und jeder lebt ganz für sich. Berlin vereint die Nachteile einer amerikanischen Großstadt mit denen einer deutschen Provinzstadt, seine Vorzüge stehen im Baedeker. In der Sommerfrische sieht der Berliner jedes Jahr, dass man auch auf der Erde leben kann. Er versucht es vier Wochen, es gelingt ihm nicht. Und wenn er dann wieder glücklich auf dem Anhalter Bahnhof landet, blinzelt er seiner Straßenbahnlinie zu und freut sich, dass er wieder in Berlin ist. Das Leben hat er vergessen. Die Tage klappern, der Trott des täglichen Gettos rollt sich ab. Wenn wir nun 100 Jahre dabei würden.

Wir in Berlin, was dann?

Wären wir gewachsen, hätten wir uns aufgeschlossen geblüht, hätten wir gelebt.
Berlin. Berlin.
Tucholsky behält die Leitung der Weltbühne nur ein gutes halbes Jahr. Schon im Sommer 1927 gibt er sie wieder ab. Sein Nachfolger wird der spätere Friedensnobelpreisträger Carl von Ossietzky. Noch im Herbst desselben Jahres geht Tucholsky wieder nach Paris. Aber es hält ihn nirgends mehr lange. Er ist viel auf Reisen Schweden, Großbritannien, Belgien, Dänemark, Schweiz. Auf einer Reise durch die Pyrenäen,

gemeinsam mit seiner Frau schreibt er sein reinstes, aber nicht populärste Buch ein Pyrenäen Buch.

Oh, Bonn, in ehrlichem Deutsch gut Wasser geheißen, besteht eigentlich nur aus einem langen Platz mit Bäumen, darauf von hoch stöckigen Häusern eingeschlossen, dahinter sind die Berge, die passen auf, dass sich keiner erkältet, denn oh, Bonn ist einer jener zahllosen Plätze der Pyrenäen, in denen Kranke baden, brausen, gurgeln, inhalieren und sich sicherlich oft genug heilen können. Die Schwefel Quellen, deren jedes dieser Bäder viele besitzt, kommen heiß aus dem Boden, geschossen, riechen therapeutisch und tun viel Gutes. Früher scheinen diese heißen Quellen auch anderen eigentümlichen Zwecken gedient zu haben, denn ich finde in einem alten Schmöker Voyage ob Pyrenäen Français Espanol, Paris 1832, eine merkwürdige Stelle, in der der Verfasser von den Praktiken kranker Damen berichtet. Sie benutzen die Quellen gegen ihre Leiden viel zu heiß und nun gar noch innerlich, was ihnen Schaden brächte. Motiv Die stete Sucht nach Vergnügungen bringt sie dazu, sich Einläufe mit Thermalwasser zu machen. Stöhnen und Lust, Schreie schütteln die Badenden, die nichts suchen als Zerstreuung. Wie gut, dass die Welt fortschreitet und heute solches nimmer mehr vorkommt. Jeder Mann eine Quelle. Sonderbar, welch altmodischen Eindruck diese Pyrenäen Badeorte machen. Die Morde in die Pyrenäen zu gehen, stammt etwa aus dem Jahre 1860 und

Napoleon, der dritte, hat damals nach sich gezogen, was an Snobs gut und teuer war. Aber diese Leute stiegen nicht auf die Berge. Sie sahen sich ein Schauspiel von unten an, dass für sie eine Art Theater Dekoration war. Und daher schmecken wohl so viele Pyrenäen Badeorte nach Vergangenheit. Nicht etwa, als ob sie nicht hübsch eingerichtet wären die Engländer haben sich überall das laufende Wasser erzwungen, das ihnen von den Wild Bächen in die Hotels gluckert. Kein Zimmer daselbst, in dem man nicht etwas fände, was eine baltische Baronin einmal mit dem Wort Intimitäten Schüssel bezeichnet hat. Nein, so weit ist alles in Ordnung. Aber die Leute, der Schmuck in den Gebäuden, das Gehaben des ganzen Ortes, alles sieht aus wie 1875. Weil mich die hohen Häuser auf den Platz in Bonn sowohl ansehen, gehe ich davon. Oh, Bonn ist leer. Die Saison ist im Absterben.

1929 verlegt Tucholsky seinen ständigen Wohnsitz nach hin, dass bei Göteborg in West Schweden. Er ist nach wie vor viel auf Reisen. Eine innere Unruhe treibt ihn durch Europa. Er hat Erfolg, seine Bücher verkaufen sich, finanziell geht es ihm passabel. Er ist ein bekannter Mann. Aber eigentlich ist es ihm nie nur um den Erfolg gegangen, sondern vor allem um die Wirkung. Doch er sieht keine Wirkung, er sieht keine Veränderung. Und die Zukunft macht ihm Angst.

Der Mensch. Der Mensch hat zwei Beine und zwei Überzeugungen. Eine, wenn's ihm gut geht und eine, wenn es ihm schlecht geht. Die letzte heißt Religion. Der Mensch ist ein Wirbeltier und hat eine unsterbliche Seele sowie auch ein Vaterland, damit er nicht zu übermütig wird. Der Mensch wird auf natürlichem Wege hergestellt. Doch empfindet er dies als unnatürlich und spricht nicht gern davon. Er wird gemacht. Hingegen nicht gefragt, ob er auch gemacht werden wollte. Der Mensch hat neben dem Trieb zur Fortpflanzung und dem zu essen und zu trinken zwei Leidenschaften. Krach zu machen und nicht zuzuhören. Man könnte den Menschen geradezu als ein Wesen definieren, das nie zuhört, wenn er weise ist, tut er damit recht. Denn Gescheites bekommt er nur selten zu hören. Der Mensch zerfällt in zwei Teile, in einen männlichen, der nicht denken will, und in einen weiblichen, der nicht denken kann. Beide haben sogenannte Gefühle. Man ruft diese am sichersten dadurch hervor, dass man gewisse nervende Punkte des Organismus in Funktion setzt. In diesen Fällen, sondern manche Lyrik ab. Der Mensch ist ein pflanzen und fleischfressenden Wesen auf Nordpol Fahrten frisst er hier und da auch Exemplare seiner eigenen Gattung. Doch wird das durch den Faschismus wieder ausgeglichen. Menschen miteinander gibt es nicht. Es gibt nur Menschen, die herrschen und solche, die beherrscht werden. Doch hat noch niemand sich selber beherrscht. Jeder Mensch ist sich selber unterlegen. Wenn der Mensch fühlt, dass er hinten nicht mehr hoch kann, wird der fromm und weise. Er verzichtet dann auf die sauren Trauben der

Welt. Dieses nennt man innere Einkehr. Im Übrigen ist der Mensch ein Lebewesen, das klopft. Rechte Musik macht und seinen Hund bellen lässt. Manchmal gibt er Ruhe, aber dann ist er tot. Neben dem Menschen gibt es noch Sachsen und Amerikaner, aber die haben wir noch nicht gehabt und bekommen Zoologie erst in der nächsten Klasse.

Am 7. März 1933 erscheint die letzte Nummer der *Weltbühne.* Der Herausgeber Carl von Ossietzky ist schon verhaftet und die Redaktion geschlossen. Kurt Tucholsky hat Deutschland schon seit Jahren nicht mehr betreten. Jetzt wird er offiziell ausgebürgert. Sein Vermögen wird beschlagnahmt, sein Pass eingezogen. Er ist staatenlos. Die schwedischen Behörden lassen sich Zeit mit der Einbürgerung. Alles was er bekommt, ist ein schwedischer fremden Pass. Und nun werden die Umstände immer bedrückender. Er ist krank. Das Geld geht ihm aus. Und da ist jene unterdrückte, wahre innere Stimme, die immer eindringlicher wird, sinnlos, sagt die Stimme, sinnlos, und es ist alles umsonst gewesen. Der Grund zu kämpfen die Brücke. Das innere Glied, die raison d'être fehlt.

Der Mensch ist ein Tau, ist ein Strick, schreibt Peter Panther alias Kurt Tucholsky in einer Glosse für die russische Zeitung Die Welt im gerade erschienenen Ergänzungsabgabe zu den Gesammelten Werken nachlesen können. Ich zitiere mal Ein Mensch ist ein Tau, aus vielerlei

Fäden gewoben. Es geht nicht an einen, den roten oder den grünen Faden, der sich hindurchzieht, gesondert zu betrachten. Wenigstens führt es zu gar nichts. Gewertet wird der Strick, nicht der bunte Faden. Und das ist recht so! Mir scheint dieser Hinweis für Tucholskys überlebende und nachgeborene Leser beherzigen wird, wo es den Versuch gilt, nachdem etwas hochtrabend ausgedrückt, Charaktere logischen Fundus zu fahnden, aus welchem dieser scheinbar so viel gewandte und reich begabte, dabei oft mit kleiner Münze zahlende Gelegenheits Schreiber seine.

Politischen Mut und seinen dichterischen, jawohl dichterischen Glarner. Zu fragen ist auch, warum der radikale Pazifist und sozialistische Moralist seit seiner Übersiedlung nach Schweden spätestens im Jahr 32 also den Antrieb zum Weiterschreiben und das hieß bei ihm weiterkämpfen, verlor, just während sich in Deutschland die braune Macht installierte, der Teufel in seinen Augen. Und schließlich sucht man ja auch nach dem Motiv seines Freitod im Jahr 35 für den glauben wir seinen eigenen Worten äußere, also körperliche, politische und wirtschaftliche Zwänge nicht da waren. Es schickt sich nicht darum zu orakeln, wo Privates, das auf dem Spiel steht. Doch drängt sich einem bei der Lektüre von Tucholskys literarischem Lebenswerk und auf seinen Briefen die Mutmaßung auf, dass der Strick, der ihn hielt, dieses Tau, das Kontinuum seines geistigen Daseins, das Gefühl einer gleichsam eingefleischten Lebensangst war, die ihn auch in glücklichen Stunden nicht losließ. Sein kleines, aber starkes Genie, sein kämpferischer Pazifismus, sein sanfter und sein bitterer Humor, sein satirischer Witz sind Äußerungen eines Charakters, der es nicht nötig hat, das Fürchten zu lernen, weil die Furcht ihm in allen Adern pulsiert. Auch sein Mut, sich bei Zeiten zu töten. War glaube ich, ein Geschenk der Verzweiflung an allem, was ist, was Geschichte, Macht und Geschichte besiegelt. Der kleine Bruder Heinrich Heines. Ein deutscher Humorist. Am 19. Dezember 1935 nimmt er Gift. Er stirbt zwei Tage später. Aus dem Abschiedsbrief an seine Frau Mary: Nein zu rufen, hat nicht mehr gewagt, ist krank und kann sich nicht mehr verteidigen, geschweige denn einen anderen. Ich habe über das, was da geschehen ist, nicht eine Zeile veröffentlicht. Es geht mich nichts mehr an. Es ist nicht Feigheit, was dazu schon gehört, in diesen Käse blättern zu schreiben. Aber ich bin ohne Sue de la Melee. Es geht mich nichts mehr an. Ich bin damit fertig. Angst nicht vor dem Ende. Das ist mir gleichgültig, wie alles, was noch um mich vorgeht und zu dem ich keine Beziehung mehr habe. Der Grund zu kämpfen. Die Brücke, das innere Glied, die raison d'être fehlt. Hat nicht verstanden. Wünscht ihm alles, alles Gute und soll verzeihen. Nun. Die.

Nachdem die Narayen.

Die Selbstkritik ist ebenso notwendig, wie es notwendig ist, sich zu waschen. Bisweilen macht es Freude, einen Menschen dadurch in Erstaunen zu setzen, dass man ihm nicht ähnelt und anders denkt als er. Kann man Herzensgüte überhaupt mit Geld bezahlen? Herzensgüte steht höher als alle Schätze der Welt. Na und? Deine Schuld ist eben eine Schuld, die musst du einfach begleichen. Wenn man die Menschen nach der Arbeit schätzen sollte, dann wäre ja ein Pferd besser als jeder Mensch. Das zieht den Wagen und hält das Maul dazu. Gegen den Katzenjammer helfen nur der Branntwein und nicht Gewissensbisse oder Zähneknirschen. Man muss nicht in der Bratpfanne gelegen haben, um über ein Schnitzel zu schreiben. Eigentlich sollte man einen Menschen nicht bemitleiden. Besser ist es, ihm zu helfen. Angst ist für die Seele ebenso gesund wie ein Bad für den Körper. Nach manchem Gespräch mit einem Menschen hat man das Verlangen, einen Hund zu streicheln, einem Affen zu zunicken und vor einem Elefanten den Hut zu ziehen. Ich habe vieles von Sprichwörtern gelernt, das heißt von ihrer Art zu denken. Alles was schön ist, bleibt schön, auch wenn es welkt. Oft zeigt die Lüge deutlicher als die Wahrheit, was in einem Menschen vorgeht. Die Arbeit ist immer mehr wert als der Preis, den man für sie zahlt. Das Geld verschwindet, die Arbeit aber bleibt.

Wer zwei Hosen hat, sollte eine verkaufen und sich davon ein Buch kaufen. Die russische Literatur ist die pessimistische Literatur Europas. Bei uns werden alle Bücher über ein und dasselbe

Thema geschrieben, darüber, wie wir leiden. Schriftsteller bauen Luftschlösser, Leser wohnen darin und Verleger ziehen die Miete ein. Die Wissenschaft ist der Verstand der Welt, die Kunst ihre Seele. Gewöhnlich findet sich das Geld erst ein, wenn das Gewissen zu verdorren beginnt. Je mehr Geld, desto weniger Gewissen. Aber die Jugend ist starrköpfig und hat von ihrem Standpunkt aus Recht. Die Naturwissenschaft bedeutet jenen Hebel des Archimedes, der allein imstande ist, die ganze Welt mit dem Gesicht zur Sonne der Vernunft zu drehen. Jeder weiß, dass es viel schwieriger ist, Worte in Taten zu verwandeln, denn Taten in Worte. Talent, das ist der Glaube an sich selbst, an die eigene Kraft. Alles ist im Menschen. Alles ist für den Menschen. Es besteht nur der Mensch. Alles Übrige ist das Werk seiner Hände und seines Gehirns. Der Mensch, das ist groß. Das klingt stolz. Der Mensch. Eine Erzählung muss in die Tiefe des Lebens eindringen wie ein Bohrer in die Tiefe der Erde. Man muss die Menschen nicht für dümmer halten als sich selbst. Die Aufgabe der Kultur ist es, im Menschen das soziale Gewissen und die soziale Moral zu entwickeln und zu stärken und alle Fähigkeiten und Talente des Einzelnen zu organisieren.

Nur der Mensch hat ein Herz, der es auch für seine Mitmenschen hat. Man streitet ja meistens nicht, um die Wahrheit zu finden, sondern um sie zu verbergen. Man mag sich noch so sehr verkleiden und diese oder jene Rolle spielen man ist als Mensch geboren und man stirbt als Mensch. Wenn du zur Geliebten gehst, spürst du nicht, wie die Mücken stechen. Wenn auf Erden Glück möglich ist, dann erst, wenn wir die Größe der Frau begriffen haben. Die Kinder sind unsere Richter von morgen, sind die Kritiker unserer Anschauungen und Taten, sind die Menschen, die in die Welt hinausgehen, um durch ihre Arbeit neue Lebensformen zu schaffen. Jede Arbeit ist schwer, bis man sie lieb gewinnt, dann aber regt sie an und wird leichter. Der Arzt und der Journalist haben etwas Gemeinsames. Der eine wie der andere diagnostiziert und charakterisiert Krankheiten. Hören Sie sich alles an. Alle Ratschläge und Kritiken, aber tun Sie dann, was Sie selber für richtig halten. Zwischen den Begriffen Kritik und Verleumdung besteht ein wesentlicher Unterschied, auch wenn sie aus Buchstaben desselben Alphabets gebildet werden. Auch wenn man Leute mit gutem Grund beschimpft, muss man Maß halten. Je mehr ich las, umso näher brachten die Bücher mir die Welt, umso heller und bedeutsamer wurde für mich das Leben.

Alles ist relativ in dieser Welt und es gibt in ihr keine Lage für den Menschen, das nicht eine noch schlimmere sein könnte. Wenn die Arbeit ein Vergnügen ist, wird das Leben zur Freude. Wenn ein Zahn, der aus dem Kiefer geschlagen wurde, ein Gefühl hätte, würde er sich zweifellos ebenso allein fühlen wie ich. Das Herrlichste der Welt ist, einen neuen Tag zu sehen. Der ganze Stolz dieser

Welt ist das Werk der Mütter. Der Mensch trägt selbst die Kosten für alles und darum ist er frei. Der Mensch kann den Menschen zum Guten führen, ganz einfach. Heiraten ist für eine Frau so viel wie im Winter ins Wasser springen. Hat sie es einmal getan, denkt sie ihr Leben lang daran. Alles Gute in mir verdanke ich den Büchern. Der Kleinbürger ist der, der sich selbst allen anderen vorzieht. **Wir alle hungern nach Menschenliebe und wenn man hungert, schmeckt auch schlecht gebackenes Brot.** Es gibt keine Zufälligkeiten, alle Erscheinungen des Lebens sind ursächlich bedingt. Nicht im Kopf, sondern im Herzen liegt der Anfang. Freunde, welches Zitat hat euch am besten gefallen? Wir warten auf Ihre Antwort in den Kommentaren. Abonnieren Sie unseren Kanal und achten Sie auf die Klingel, damit Sie das nächste Video nicht verpassen. Vielen Dank fürs Zuschauen.

Du musst das Leben nicht verstehen. Du musst das Leben nicht verstehen, dann wird es werden wie ein Fest. Und lass dir jeden Tag geschehen, so wie ein Kind im Weitergehen von jedem Wehen sich viele Blüten schenken lässt. Sie aufzusammeln und zu sparen, das kommt dem Kind nicht in den Sinn. Es löst sie leise aus den Haaren, drin sie so gern gefangen waren und hält den lieben jungen Jahren nach neuen seine Hände hin.

Stiller Freund der vielen Fernen. Fühle, wie dein Atem noch den Raum vermehrt. Im Gebälk der finstern Glocken Stühle, lass dich läuten. Das was an dir zehrt, wird ein starkes über dieser Nahrung. Gin der Verwandlung aus und ein. Was ist deine leitende Erfahrung ist dir trinken bitter werde Wein. Sei in dieser Nacht aus Übermaß Zauberkraft am Kreuzweg deiner Sinne, ihrer seltsamen Begegnung Sinn. Und wenn dich das Irdische vergaß zu der stillen Erde, sag ich renne. Zu dem raschen Wasser, sprich. Ich bin.

Das ist er, als er eingeschult wurde Walter O., so nennen wir ihn seinen wahren Namen, dürfen wir nicht sagen. Damals, Mitte der 60er Jahre, lebte er im Kinderheim der Nieder Bronner Schwestern in Speyer. Heute ist er 63 Jahre und erzählt, was er als Bub erlebt habe im Heim Gewalt ohne Ende. Er sei zwiefach über Jahre sexuell missbraucht worden, vor allem von Priestern.

Die üblichen Spielchen Ach, wie groß ist er denn? Hast du schon Haare? Und deshalb haben die dann auch überprüft. Und dann willst du bei mir schauen? Und dann wurde man ihm, wie sagt man im Gesicht dagegen gedrückt. Und so weiter und so fort. Und es ging auch bis hin zum Geschlechtsverkehr. Der Mozambique war von allen der Schlimmste. Der hat sich überhaupt nicht. Wie sagt man überhaupt nicht zurückhalten.

Rudolf Motzen Becker war ein hochrangiger Geistlicher im Bistum Speyer, unter anderem

Generalvikar, der Stellvertreter des Bischofs. 1998 verstarb er motzen, Becker habe ihn anal und oral vergewaltigt, sagt das Opfer mehrmals im Monat. Im Schatten des Doms, wo Motzen Becker wohnte, soll es geschehen sein, oft auch zusammen mit anderen Männern. Zwei weitere Betroffene, die sich beim Bistum gemeldet haben, erheben ähnliche Vorwürfe gegen Matches Becker. Drei andere ehemalige Heimkinder gegen die Schwestern. Ansonsten gibt es keine Beweise für die Gewalt, unter den Walter O. Fast zehn Jahre lang gelitten haben soll. So lange lebte er in den Schwestern heim. Das Sozialgericht Darmstadt hat ihm trotzdem eine Opferentschädigungsgesetz Rente zugesprochen. Die Taten hätten mit an Sicherheit grenzender Wahrscheinlichkeit stattgefunden, stellt Richterin Andrea Herrmann in ihrem Urteil fest.

Für das Gericht ist entscheidend, dass das eine gesundheitliche Schädigung vorliegt, die auf Einzel und Gruppen Missbrauch zurückgeht, aber die Organisation und Durchführung dieses Missbrauchs im Einzelnen ist für die für das Urteil im sozial gerichtlichen Verfahren nicht entscheidend,

Wohl aber für Walter O. Er erhebt schwere Vorwürfe. Die Schwestern selbst sollen den sexuellen Missbrauch ihrer Schutzbefohlenen in Speyer organisiert haben. Tatort sei auch ein Raum im Kinderheim in der Engels Gasse gewesen.

Es war so, dass der Liegefläche von dem vorbereitet wurden im Kinderheim, im Kinderheim. Den Raum kann ich ihnen heute noch zeigen. Und dann kamen halt honorige Herren. Und haben sich dann bei den Sexpartys dann wieder mit Jungs und teilweise auch mit Mädchen vergnügt.

Wir haben den Orden, der im Jahr 2000 das Heim aufgegeben hat, um Stellungnahme gebeten. Die Ordensleute bestreiten nicht den sexuellen Missbrauch durch Motzen. Becker wohl aber Sexpartys unter Beteiligung der damaligen Schwestern. Walter O. geht in seinen Vorwürfen noch weiter. Er behauptet, die Schwestern hätten für die Zuführung der Kinder Geld bekommen. Er zeigt uns ein Dokument, das er anonym erhalten habe. Es ist eine Tabelle. Sein Name und der einer Schwester sind zu lesen. Und 1965 untereinander Summen, die Personennamen zugeordnet sind. Nach diesem Dokument wird er im Januar 17 mal mit Summen und Personen in Verbindung gebracht, davon 5-mal mit Modersohn-Becker. Im Februar stehen unter anderem Modersohn-Becker für 20 Uhr 500 D-Mark. Für Walter O. ist das Blatt ein Auszug aus einem Kassenbuch. Ein Indiz, dass die Schwestern systematisch Kinder ausgeliehen hätten. Wir haben den Orden um Stellungnahme gebeten. Die Provinz Oberin kann sich die Herkunft des Dokuments nicht erklären. Man habe keine Akten des Kinderheims mehr, schreibt man uns. Außerdem verweist sie auf einen

Schreibfehler bei einer Namensnennung. Daher sind Urheberschaft und Authentizität dieses Dokumentes für uns nicht nachvollziehbar. Das Bistum Speyer weiß seit zehn Jahren von den Vorwürfen, in den Akten habe man keine Belege für den Missbrauch gefunden. Doch das Bistum erkennt Walter O. als Missbrauchsopfer an. Erstattet Anzeige gegen Unbekannt im vergangenen April wegen Verdachts auf organisierte Zwangsprostitution. Die Staatsanwaltschaft hat das Verfahren eingestellt wegen Verjährung. Damit will sich Bischof Wiesemann nicht zufriedengeben. Er nannte den Namen des mutmaßlichen Täters Matchen. Becker Um andere Betroffene aufzurufen, sich zu melden. Aber für die Zukunft wie Missbrauch ausschließen, verhindern?

Absolut kann man das nicht. Man kann aber alles tun, damit es nicht geschieht, was man in seinen eigenen Kräften tun kann.

Das Grauen seiner Vergangenheit wird Walter O. weiter begleiten. Doch er kämpft dafür, dass die Wahrheit ans Licht kommt.

Das Universum ist vollkommen. Es kann nicht verbessert werden. Wer es verändern will, verdirbt es. Wer es besitzen will, verliert es. Gut geht, wer ohne Spuren geht. Wissen, dass man nichts weiß, das ist das Allerhöchste. Denn Sein und Nichtsein erzeugen einander. Wer sich auf die Zehen stellt, steht nicht fest. Ton kneten formt man Gefäße doch erst ihr Hohlraum, das Nichts ermöglicht die Füllung. Wahre Worte sind nicht angenehm, angenehme Worte sind nicht wahr. Freundlichkeit in Worten schafft Vertrauen. Alles, was gelehrt werden kann, ist nicht der Mühe wert, gelernt zu werden. Verantwortlich ist man nicht nur für das, was man tut, sondern auch für das, was man nicht tut.

Die Wahrheit kommt mit wenigen Worten aus. Alle Dinge haben Zeiten des Voran Gehens und Zeiten des vollsten. Klar sieht, wer von ferne sieht und nebelhaft, wer Anteil nimmt. Wer viele Schätze anhäuft, hat viel zu verlieren. Alle Frauenkleider sind nur Variationen des ewigen Streites zwischen dem eingestandenen Wunsch, sich zu kleiden und dem uneingestandenen Wunsch, sich zu entkleiden. Der Sprechende mag ein Nahe sein, Hauptsache der Zuhörer ist weise. Die Weise haben keine unumstößlichen Grundsätze. Er passt sich anderen an. Dinge wahrzunehmen ist der Keim der Intelligenz. Reisen ist besonders schön, wenn man nicht weiß, wohin es geht, aber am allerschönsten ist es, wenn man nicht mehr weiß, woher man kommt. Wer Menschen führen will, muss hinter ihnen gehen. Wenn Gott verloren geht, kommt die Tugend. Du kannst jemanden verändern, wenn du ihn akzeptierst. Wer selber scheinen will, wird nicht erleuchtet. Starrheit ist ein Begleiter des Todes, Geschmeidigkeit ein Begleiter des Lebens. Warum ist das Meer der König aller Flüsse und Ströme? Weil es niedriger liegt als sie.

In einem Staat gibt es umso mehr Räuber und Diebe, je mehr Gesetze und Vorschriften es in ihm gibt. Je mehr einer aus sich heraus geht, desto weniger kann er in sich gehen.

Durch Leichtfertigkeit verliert man die Wurzeln, durch Unruhe die Übersicht. Wer sich am Ziele glaubt, geht zurück. Auch der weiteste Weg beginnt mit einem ersten Schritt. Der beste Führer ist der, dessen Existenz gar nicht bemerkt wird. Pflichtbewusstsein ohne Liebe macht verdrießlich. Andere zu kennen ist Intelligenz sich selbst zu kennen ist die wahre Weisheit.

Der Weise lebt still inmitten der Welt. Sein Herz ist ein offener Raum. Wer andere bezwingt, ist kraftvoll. Wer sich selbst bezwingt, ist unbezwingbar. Derjenige, der andere kennt, ist weise, derjenige, der sich selbst kennt, ist erleuchtet. Andere beherrschen erfordert Kraft, sich selbst beherrschen fordert Stärke. Wer kein Ziel hat, kann auch keines erreichen. Die beiden kleinsten Organe im Menschen sind es, die dessen Wert ausmachen. Das Herz und die Zunge. Das weiche Wasser formt den harten Fels. Wer andere erkennt, ist gelehrt. Wer sich selbst erkennt, ist weise. Wer andere besiegt, hat Muskel Kräfte. Wer sich selbst besiegt, ist stark. Wer zufrieden ist, ist reich. Wer seine Mitte nicht verliert, der dauert.

Ich habe drei Schätze, die ich hüte und hege. Der eine ist die Liebe, der zweite ist die

Genügsamkeit, der dritte ist die Demut. Nur der Liebende ist mutig, nur der Genügsame ist großzügig. Nur der Demütige ist fähig zu herrschen. Nichtstun ist besser als mit viel Mühe nichts schaffen. Was die Raupe Ende der Welt nennt.

Nennt dem Rest der Welt Schmetterling. Je mehr Verbote, umso ärmer das Volk. Ein Land regiert man nach Regel und Maß.

Krieg führt man ohne Regel, mit List. Je mehr scharfe Waffen im Volk, umso wirrer der Staat. Der Weise ist nicht gelehrt, der Gelehrte ist nicht weise. Wer weiß, spricht nicht, wer spricht, weiß nicht.

Die größte Offenbarung ist die Stille. Der Edle lässt das allzu sehr, dass zu viel, das zu groß. Je mehr Verbote es gibt, desto weniger tugendhaft werden die Leute sein. Wenn man Liebe hat im Kampf, dann siegt man, hat man sie bei der Verteidigung, ist man unbezwingbar. Stark ist, wer der Gewalt ausweicht. Gnade und Ungnade, Angst machen sie beide. Stets Sorge, dass das Volk ohne Wissen und Wunsch sei und Sorge zugleich, dass die Wissenden nicht zu handeln wagen. Glück stützt sich auf Unglück, Unglück verbirgt sich im Glück. Die Ruhe ist der Meister des Handelns. Wo zwei zusammenstoßen, siegt der Besonnene. Wer sich rühmt, dem traut man nicht. Das Universum ist vollkommen. Es kann nicht verbessert werden. Wer es verändern will, verdirbt es. Wer es besitzen will, verliert es. Gut geht, wer ohne Spuren geht. Wissen, dass man nichts weiß, das ist das Allerhöchste. Denn Sein und Nichtsein erzeugen einander. Wer sich auf die Zehen stellt, steht nicht fest. Ton kneten formt man Gefäße doch erst ihr Hohlraum, das Nichts ermöglicht die Füllung. Wahre Worte sind nicht angenehm, angenehme Worte sind nicht wahr. Freundlichkeit in Worten schafft Vertrauen. Alles, was gelehrt werden kann, ist nicht der Mühe wert, gelernt zu werden.

Verantwortlich ist man nicht nur für das, was man tut, sondern auch für das, was man nicht tut. Die Wahrheit kommt mit wenigen Worten aus. Alle Dinge haben Zeiten des Vorangehens und Zeiten des vollsten. Klar sieht, wer von ferne sieht und nebelhaft, wer Anteil nimmt. Wer viele Schätze anhäuft, hat viel zu verlieren. Alle Frauenkleider sind nur Variationen des ewigen Streites zwischen dem eingestandenen Wunsch, sich zu kleiden und dem uneingestandenen Wunsch, sich zu entkleiden. Der Sprechende mag ein Nahe sein, Hauptsache der Zuhörer ist weise. Der Weise hat keine unumstößlichen Grundsätze. Er passt sich anderen an. Dinge wahrzunehmen ist der Keim der Intelligenz. Reisen ist besonders schön, wenn man nicht weiß, wohin es geht, aber am allerschönsten ist es, wenn man nicht mehr weiß, woher man kommt. Wer Menschen führen will, muss hinter ihnen gehen. Wenn Gott verloren geht, kommt die Tugend. Du kannst jemanden verändern, wenn du ihn akzeptierst.

Wer selber scheinen will, wird nicht erleuchtet. Starrheit ist ein Begleiter des Todes, Geschmeidigkeit ein Begleiter des Lebens. Warum ist das Meer der König aller Flüsse und Ströme? Weil es niedriger liegt als sie. In einem Staat gibt es umso mehr Räuber und Diebe, je mehr Gesetze und Vorschriften es in ihm gibt. Je mehr einer aus sich herausgeht, desto weniger kann er in sich gehen. Durch Leichtfertigkeit verliert man die Wurzeln, durch Unruhe die Übersicht. Wer sich am Ziele glaubt, geht zurück. Auch der weiteste Weg beginnt mit einem ersten Schritt. Der beste Führer ist der, dessen Existenz gar nicht bemerkt wird.

Pflichtbewusstsein ohne Liebe macht verdrießlich. Andere zu kennen ist Intelligenz sich selbst zu kennen ist die wahre Weisheit. Der Weise lebt still inmitten der Welt. Sein Herz ist ein offener Raum. Wer andere bezwingt, ist kraftvoll. Wer sich selbst bezwingt, ist unbezwingbar. Derjenige, der andere kennt, ist weise, derjenige, der sich selbst kennt, ist erleuchtet. Andere beherrschen erfordert Kraft, sich selbst beherrschen fordert Stärke. Wer kein Ziel hat, kann auch keines erreichen. Die beiden kleinsten Organe im Menschen sind es, die dessen Wert ausmachen. Das Herz und die Zunge. Das weiche Wasser formt den harten Fels. Wer andere erkennt, ist gelehrt. Wer sich selbst erkennt, ist weise. Wer andere besiegt, hat Muskel Kräfte. Wer sich selbst besiegt, ist stark. Wer zufrieden ist, ist reich. Wer seine Mitte nicht verliert, der dauert. Ich habe drei Schätze, die ich hüte und hege. Der eine ist die Liebe, der zweite ist die Genügsamkeit, der dritte ist die Demut. Nur der Liebende ist mutig, nur der Genügsame ist großzügig. Nur der Demütige ist fähig zu herrschen. Nichtstun ist besser als mit viel Mühe nichts schaffen. Was die Raupe Ende der Welt nennt, nennt der Rest der Welt Schmetterling. Je mehr Verbote, umso ärmer das Volk. Ein Land regiert man nach Regel und Maß. Krieg führt man ohne Regel, mit List. Je mehr scharfe Waffen im Volk, umso wirrer der Staat. Der Weise ist nicht gelehrt, der Gelehrte ist nicht weise. Wer weiß, spricht nicht, wer spricht, weiß nicht. Die größte Offenbarung ist die Stille.

Der Edle lässt das allzu sehr, dass zu viel, das zu groß.

Je mehr Verbote es gibt, desto weniger tugendhaft werden die Leute sein. Wenn man Liebe hat im Kampf, dann siegt man, hat man sie bei der Verteidigung, ist man unbezwingbar. Stark ist, wer der Gewalt ausweicht. Gnade und Ungnade, Angst machen sie beide. Stets Sorge, dass das Volk ohne Wissen und Wunsch sei und Sorge zugleich, dass die Wissenden nicht zu handeln wagen. Glück stützt sich auf Unglück, Unglück verbirgt sich im Glück. Die Ruhe ist der Meister des Handelns. Wo zwei zusammenstoßen, siegt der Besonnene. Wer sich rühmt, dem traut man nicht. Wer die Gesellschaft nicht entbehren kann, soll sich ihren Gebräuchen unterwerfen, weil sie mächtiger sind als er. Urteile nicht so leicht über kluger Leute, Handlungen und Aussprüche. Es müsste dir denn deine Bescheidenheit das Zeugnis ausstellen, dass du noch weiser seist als sie. Interessiere dich für andere, wenn du willst, dass sie sich für dich interessieren. Zwang tötet alle edle freiwillige Hingebung. Eine der wichtigsten Tugenden im gesellschaftlichen Leben, die täglich seltener wird, ist die Verschwiegenheit. Achte dich selbst, wenn du willst, dass andere dich achten sollen. Der Umgang mit Kindern hat für einen verständigen Mann unendlich viel Interesse. Hier sieht er das Buch der Natur in unverfälschter Ausgabe aufgeschlagen. Gib andere Gelegenheit zu glänzen. Ich glaube immer und du wirst wohl dabei fahren, dass die Menschen nicht halb so gut sind, wie ihre Freunde sie schildern und nicht halb so böse, wie ihre Feinde sie aus schreien.

Handle weniger anderen zu gefallen, als um deine eigene Achtung nicht zu verscherzen gut und anständig. Die Wahrheit liegt immer in der Mitte und eines Mannes Rede ist keines Mannes Rede, weil man immer beide anhören muss. Gehe nie aus einem Gespräch, ohne dem anderen die Gelegenheit zu geben, mit Dankbarkeit an dieses Gespräch zurückzudenken.

Man soll nie vergessen, dass die Gesellschaft lieber unterhalten als unterrichtet sein will. Wer Menschen studieren will, der versäume nicht, sich unter Kinder zu mischen. Bescheiden ist, wer sich den Käse mit den größten Löchern nimmt. Sei ernsthaft, bescheiden, höflich, ruhig, wahrhaftig. Rede nicht zu viel und nie von Dingen, wovon du nicht weißt.

Alles lässt sich überwinden durch Standhaftigkeit. Alles lässt sich vergessen, wenn man seine Aufmerksamkeit auf einen anderen Gegenstand heftet. Man bediene sich keines Juristen für Dinge, die schleunigst und einfach behandelt werden sollen. Juristen kleben am Buchstaben Juristischer Wille ist oft das Gegenteil von dem, was man im gemeinen Leben Willen nennt. Man baut bei Fremden zuerst Blickkontakt auf, bevor man sie anspricht. Da jedes Menschen Glückseligkeit in seinen Begriffen von Glückseligkeit ruht, so ist es grausam, irgendeinen zwingen zu wollen, gegen seinen Willen glücklich zu sein. Lob kitzelt den Eitlen unaussprechlich. Keine freundschaftliche Verbindung pflegt dauerhafter zu sein als die, welche in der frühen Jugend geschlossen werden. Man ist da noch weniger misstrauisch, weniger schwierig in Kleinigkeiten. Lerne den Ton der Gesellschaft anzunehmen, in der du dich befindest. Am vorsichtig sei man beim Rat geben in Heirats Angelegenheiten. Huldige nicht mehreren Frauen zur gleichen Zeit an demselben Ort, wenn es dir darum zu tun ist, Zuneigung oder Vorzug von einer einzelnen zu erlangen.

Sei wie du bist, immer ganz und immer derselbe. Die Menschen, wenn sie dich um Rat fragen, sind gewöhnlich schon entschlossen zu tun, was ihnen gefällt. Man vergesse nicht, dass das, was wir Aufklärung nennen, anderen vielleicht als Verfinsterung scheint. Bei der Menge unnützer Schriften tut man übrigens wohl ebenso vorsichtig im Umgang mit Büchern wie mit Menschen zu sein. Enthülle nie auf unedle Art die Schwächen deiner Nebenmenschen, um dich zu erheben. Ziehe nicht ihre Fehler und Verirrungen an das Tageslicht, um auf ihre Unkosten zu schimmern. Menschenkenntnis als die Hauptsache bei dem Umgang mit Menschen wird am sichersten auf dem Wege der Selbsterkenntnis gefunden. Jedes zu große Übergewicht von einer Seite stört die Freundschaft. Lerne Widerspruch ertragen, sei nicht aus schwacher Eitelkeit und törichten Dünkel eingenommen von deinen Meinungen. Ohne Enthusiasmus, der die Seele mit einer gesunden Wärme erfüllt, wird nie etwas Großes zustande gebracht werden. Die Kunst des Umgangs mit Menschen besteht darin, sich geltend zu machen, ohne andere unerlaubt zurückzudrängen. In Städten glaubt man, es gehöre zum guten Ton, nicht einmal zu wissen, wer in demselben Hause wohnt. Sei dir ein angenehmer Gesellschafter. Mache dir keine Langeweile, das heißt sei nie ganz müßig. Man kann sich keine Niederträchtigkeit denken, deren ein Geizhals nicht fähig wäre.

Jeder Mensch gilt in dieser Welt nur so viel, als er sich selbst geltend macht. Freunde, die uns in der Not nicht verlassen, sind äußerst selten.

Sei du einer dieser seltenen Freunde. Vor einem grauen Haupte sollst du das deine beugen. Zum Reisen gehört Geduld, Mut, Humor und dass man sich durch kleine widrige Zufälle nicht niederschlägt lasse. Suche in der Welt weniger selbst zu glänzen, als anderen Gelegenheit zu geben, sich von ihrer vorteilhaften Seite zu zeigen, wenn du gefallen willst. Sorge für die Gesundheit deines Leibes und deiner Seele, aber verzehrt alle beide nicht.

Hast du einen treuen Freund gefunden, so bewahre ihn. Achte ihn auch dann, wenn das Glück dich plötzlich über ihn erhebt. Sehr kluge und verständige Menschen tun oft im gemeinen Leben Schritte, bei denen wir den Kopf schütteln müssen. Wer immer in Zerstreuungen lebt, wird fremd in seinem eigenen Herzen. Über viele Dinge urteilen Kinder, weil bei ihnen noch keine neben Rücksichten ins Spiel kommen, weit richtiger als Erwachsene. Wer kein Geld hat, hat auch keinen Mut. Er fürchtet, überall zurückgesetzt zu werden, glaubt jede Demütigung ertragen zu müssen und zeigt sich allerorten in ungünstigem Licht. Die Frau poche nicht auf ihre unverletzte Treue, welche vielleicht das Verdienst des Zufalls oder eines kalten Temperaments ist.

Gar zu leicht missbrauchen oder vernachlässigen uns die Menschen, sobald wir mit ihnen in einem vollkommen vertraulichen Tone verkehren, um angenehm zu leben, muss man fast immer als ein Fremder unter den Leuten erscheinen.